企业管理的理念与发展研究

韩 艳 ◎ 著

吉林出版集团股份有限公司

图书在版编目（CIP）数据

企业管理的理念与发展研究 / 韩艳著. — 长春：吉林出版集团股份有限公司，2022.7
ISBN 978-7-5731-1657-4

Ⅰ．①企… Ⅱ．①韩… Ⅲ．①企业管理－研究－中国 Ⅳ．①F279.23

中国版本图书馆 CIP 数据核字 (2022) 第 115468 号

企业管理的理念与发展研究

著　　者	韩　艳
责任编辑	王　平
封面设计	林　吉
开　　本	787mm×1092mm　　1/16
字　　数	230 千
印　　张	10.75
版　　次	2022 年 7 月第 1 版
印　　次	2022 年 7 月第 1 次印刷
出版发行	吉林出版集团股份有限公司
电　　话	总编办：010-63109269
	发行部：010-63109269
印　　刷	北京宝莲鸿图科技有限公司

ISBN 978-7-5731-1657-4　　　　　　　　　　定价：65.00 元

版权所有　侵权必究

前　言

目前，我国的经济在快速发展，社会在不断进步，企业管理模式对企业管理现代化的发展具有较为重要的作用，因此，需要进行科学的研究与革新，转变传统的企业管理模式，打破传统工作方式的局限性，对企业的长远发展具有良好的意义。近年来，随着人们社会地位的不断提高，企业的发展面临着巨大的挑战，在激烈的竞争市场中，企业想要占领一席之地，就要立足于管理模式的有效性。在企业管理当中融入现代化，不仅成为当前企业发展的重点任务，还得到了社会的广泛关注。

企业管理的内涵从不同角度出发具有不同的含义，从整体上来说，企业管理是对一个企业的生产经营进行计划、组织等活动的总称；从企业的内部来说，为了企业的经营和发展，企业正常经营所使用的技术以及相应的规章制度都是企业管理的重要内容。企业管理在发展的过程中，难免会遇到各种各样的问题，正确应对企业管理面临的风险与挑战也是企业管理的重要内容，企业管理本质上就是为了使一个企业能够得到长久的发展，因此企业管理的发展和创新具有深远的意义。

时代是不断发展进步的，面对企业管理面临的机遇与挑战，我们要借助大数据技术对其进行不断的完善和创新，使企业能够得到长远的发展。与此同时，企业管理者要打开自己的眼界和格局，看清当今企业管理发展的态势，并针对性地对其采取有效的措施。企业管理者只有不断更新自己的思维方式，才能更好地促进企业的发展。

目　录

第一章　企业管理的基本理论 ·· 1
第一节　企业管理的关键 ·· 1
第二节　网络时代的企业管理 ·· 4
第三节　儒家哲学与企业管理 ·· 6
第四节　企业管理美学 ··· 9
第五节　企业管理变革和创新 ··· 11
第六节　企业管理流程与企业管理效益提升 ··· 15

第二章　企业管理 ·· 19
第一节　企业管理模式创新 ··· 19
第二节　企业管理模式与企业管理现代化 ··· 21
第三节　企业管理模式的成熟度分析模型 ··· 25
第四节　基于大数据的企业管理模式创新 ··· 28

第三章　企业营运资金管理 ·· 32
第一节　企业营运资金管理 ··· 32
第二节　营运资金的周转 ·· 34
第三节　现金管理 ··· 38
第四节　应收账款管理 ··· 42
第五节　存货管理 ··· 47
第六节　短期融资融券的财务风险 ·· 50

第四章　企业利润分配管理 ·· 54
第一节　利润分配概述 ··· 54
第二节　股利分配政策 ··· 57
第三节　股票分割与股票回购 ··· 60

第五章　企业财务管理 ·· 65

第一节　绿色财务管理 65
　　第二节　财务管理与人工智能 68
　　第三节　财务管理的权变思考 71
　　第四节　基于企业税收筹划的财务管理 73
　　第五节　区块链技术与财务审计 78
　　第六节　财务管理信息化研究 82
　　第七节　网络环境下的财务管理 85

第六章　企业战略管理创新发展 89
　　第一节　企业战略管理的重要性与精准化 89
　　第二节　企业战略变革的影响因素 92
　　第三节　战略管理的企业薪酬管理变革 94
　　第四节　企业战略管理模式变革 97
　　第五节　低碳经济与中小企业战略管理 102
　　第六节　"互联网+"的企业战略变革管理 106

第七章　企业文化管理 112
　　第一节　企业文化管理体系 112
　　第二节　企业的文化管理模式 116
　　第三节　企业文化管理变革 119
　　第四节　互联网企业文化管理 136
　　第五节　核心竞争力导向的企业文化管理 139

第八章　企业管理人才培养 147
　　第一节　企业员工的情商管理及培养 147
　　第二节　企业中层管理干部的能力培养 151
　　第三节　企业工商管理类人才培养 154
　　第四节　企业后备干部的管理与培养 157
　　第五节　施工企业管理人才的选拔培养 159
　　第六节　企业管理会计人才培养 163

参考文献 166

第一章 企业管理的基本理论

第一节 企业管理的关键

我曾经说过，没有背景、没有特殊技术的公司，要想成功，就只能靠团队。那么怎样才能把团队凝聚成一个整体，让每个人都发挥自己的价值，最终产生一加一大于二的聚合效果？

一、达成共识

在团队中，不是每个决策都能100%通过，这是再正常不过的事情。但是在做之前，我首先会给自己一个任务，那就是一定要在团队内部达成共识。说白了，如果有哪个高管存有不同意见，那么我们一定要说服他。

过去，在京东还小的时候，遇到有人对某件事投反对票，哪怕是投资人有不同意见，如果我觉得必须坚持，那么也可以力排众议。但现在不一样了，京东集团现在的团队规模太庞大了，如果我们几个核心高管都不能达成共识，虽然他们无权阻止我去做某件事，但最后成功的概率会非常小。

比如，外界对我们的模式会有很多质疑。公司的核心管理人员或许还能理解，但我们现在是一个几万人的团队，他们分散在几百个城市、几千个站点里，很多人甚至从来都没有见过我。这样一来，很多公司理念层面的东西就很难传达到位。那么基层员工从什么渠道了解我们这家公司？如果我们的配送人员或者打包人员不知道我们将来能否赢利，未来会走向何方，那么他们就很难在京东干一辈子，员工的流动率会居高不下，这对任何商业组织都不是好事。

要想解决这个问题，我肯定不能直接跟基层员工说："请你们相信我，我们将来一定能赚钱。大家要继续走，不要为外人所动。"因为基层员工不知道京东集团为什么会选择现在这条商业道路，他们需要真实的理由。完全靠领导人的人格魅力必然走不通，或许在过去我的人格魅力可以影响我周围的几十人、几百人，但今天要想靠个人的魅力影响几万人，明显属于天方夜谭、痴人说梦。

那么如何从商业层面给员工一个明确的解释，让他们相信我们今天做的事情是对的，唯一的办法就是让几万人的团队达成共识。我觉得这是京东走到今天不得不做，也必将长期做下去的一件事情。

二、充分授权

对于我来讲，管理上我能做的第一点是带好方向，第二点就是授权——授权给公司的高管。因为他们的专业性和业务能力实际上都比我强，他们的工作也不需要我去过多干涉。

京东在采购方面，一年有几百亿的支出。这几百亿的支出中没有一张单据是需要我直接签字的，最高就到我们的采购副总裁。只要他签字同意，财务部门就必须拨款，不得从中干涉阻挠。

正因为有了这种授权机制，所以真正来找我的人其实很少，每天从早会之后，基本一天下来，很少有人再来找我开会，所以我需要参加的会议也很少。

当然，任何一种管理模式或者管理制度都不可能是完美的。但从整个京东的发展来看，这种授权机制的积极作用远大于消极作用。试想，如果我不授权，那么可能采购部就连买一把笤帚都会找我签字。这样做，或许会给整个企业带来一定的震慑作用，也能让成本支出更合理，但最终的结果是什么？一方面，我管不了所有的事情，如果这些小事也要管，那么就会造成大量有效时间的浪费，更不可能有更多的精力和时间去思考企业战略、方向等宏观问题；另一方面，企业其他管理者和员工也可能会因为处处被掣肘，处处得不到信任而心灰意冷。这样的企业很难吸引到真正的人才。

三、防止派系形成

任何一个新来的高管，大都希望从原单位带同事过来，这是人之常情。很多下属跟着你多年了，大家早已过了磨合期，彼此的沟通成本很低，工作上手也快，所以很多管理人员巴不得把原来的整个部门带过来。

大家想想，如果作为一个新职员，你进一个部门3天就发现这个部门一半以上的员工都是部门主管的老下属，你觉得自己还有希望吗？人都是讲感情的，主管提拔人的时候，或有好的机会，肯定想着自己原来的下属。不然，下属凭什么跟他过去啊？

一旦一个部门出现这种帮派或派系，这个公司就很糟糕了，几个派系容易斗争。所以，京东不允许管理者带很多人过来，我们宁愿业务发展得慢一点，你要带，最多允许带2个人，向你直接汇报。这是防止派系形成的管理规定。

四、建立跨部门虚拟小组

一般来讲，跨部门协作是商业组织中最难解决的问题，也是任何一家大型企业都无法回避的问题。在京东，如果遇到重大的项目需要跨部门协作，就会临时成立一个专门的"虚拟小组"。这个虚拟小组可能包括仓储部门、配送部门、客服部门、财务部门等各个部门的人员，他们集中在一起共同完成项目任务、项目目标。等项目结束之后，虚拟小组自然解散，每个人再回到原来的部门。加入虚拟小组的员工不仅要向自己原部门的领导汇报，更要向虚拟项目小组负责人汇报，特别是在项目存续期间，第一汇报人是项目小组，而不是原来的部门。

过去，我们考核员工时会关注大家的业绩，但实际上，这种考核缺少了一个很重要的内容：跨部门协作。也就是说，即便一个员工拒绝与其他部门合作，他的个人业绩、升职、加薪、公司对他的评价，都不会受到影响。然而，这明显不利于京东的整体发展，反倒容易出现"劣币驱逐良币"的不良后果。考虑到这一点，我们对员工增加了一个非常重要的考核指标——跨部门合作能力和表现。这项考核在整体的考核体系中权重很高，可能比员工本身的业绩更加重要，并且越是高级管理人员越看重这一点。

如果京东失败99%是我个人造成的。

一家企业如果成功是因为团队，如果失败也一定是因为团队，是团队内部出了问题。世界上第一台数码相机是柯达发明的，但后来正是因为团队没有跟上变化，或者不敢变化，导致其在其他后来者纷纷崛起的时候黯然陨落。

京东也是一样，如果有一天失败了，那么不是市场的原因，不是京东对手的原因，也不是投资人的原因，一定是我们的团队出了问题。而在团队这100%的责任中，一定有99%是我造成的。一方面，所有京东人，无论是普通员工还是高管，都没有能力把京东带领到一条错误的路上。有这种能力的，只有我一个人。另一方面，我们的团队，很大一部分人都没有在别的公司工作过，也没有受过别的公司的影响。他们进入京东之后，接受的就是京东的教育和培训。所以，如果我们的企业出了问题，如果我们的团队出了问题，那一定是我出了问题，是我这个首席执行官能力不行：要么是战略、方向错了，我没有能力把企业带到一条正确的道路上；要么是我的管理能力有问题，我没办法让我的员工更好地推动京东的发展。

所以在这方面，老实说，我的心理压力比较大，甚至京东越成功，在这方面的压力就越大。我不断学习，努力提高自己的管理能力，其实也有这方面的原因。我希望自己有足够的实力，可以在首席执行官这个位置上待得久一点。我虽然深知自己能力也有碰到天花板的时候,也知道如果到了那一天,自己一定会选择退出运营层。但说实话,我可以逼迫自己去学习、去提升,不过我绝对不敢轻易卸下首席执行官的重担。

第二节 网络时代的企业管理

作为企业日常运营的重要组成部分,企业管理所涉及的内容和形式相对比较复杂,在新的时代背景之下企业管理的内容和形式都产生了极大的变化,为了促进管理资源的优化配置和利用,企业的管理层以及决策层必须要综合考虑各类影响要素,了解管理创新的发展要求,主动将创造性的管理策略融入日常管理工作之中,从整体上提升自身的综合实力。

一、企业管理核心角色的转变

企业管理是一个系统性的工作,所涉及的内容比较复杂,其中核心角色的有效转变尤为关键。企业的管理工作人员必须要站在时代发展的角度,了解工业时代背景之下自身财富以及发展战略的实质条件,积极地实现经营权与所有权的有效过渡。学术界和理论界在对企业管理的核心角色进行分析和研究时强调,不同阶段的核心角色差异较大,其中企业市场价值的分析最为关键,因为这一指标是财富资源的重要象征以及代表,其中CEO、CFO和CIO是整个现代企业管理过程之中的核心角色,不同角色所承担的功能以及责任有所区别,在推动企业关于创新的过程之中需要注重角色权限以及工作内容的分析及解读,保障后续工作的大力落实,更好地体现企业现代化管理创新的发展要求及具体作用。

二、企业管理组织的重构

企业管理组织的重构是企业管理创新中的重要组成部分,从目前来看,有一部分企业组织仍然以传统的垂直结构为主体,采取自上而下的形式进行分层管理,决策权非常的集中,这导致信息资源难以实现有效的共享,中层管理者扮演着重要的角色。学术界和理论界在对这种传统管理策略进行分析和研究时强调,决策层的高度集中不符合我国市场经济发展的实质条件,难以有效地应对市场条件的变化模式所带来的各类威胁。其中扁平化的组织结构将能够有效地突破这一不足,更好地应对来自时代发展的挑战,将管理内容和管理体系的革新相结合,积极地促进人力资源的优化配置,保障组织结构的灵活性、多样性及创造性。另外,在网络时代背景之下信息技术的广泛应用越来越关键,这一点能够更好地体现组织扁平化管理的作用及优势。

从微观的角度来看,信息时代的到来直接改变了传统的信息传播方式,对于企业来说,在管理创新的过程中可以结合和信息网络构建的实质条件,不断实现基层执行者与高层决策层之间的联系和互动,了解公司的日常经营状况,保障信息的准确性以及合理性,主动构建完善的数据库,保障各个管理实践活动的正常开展。各个部门以及分公司也可以在该网络平台了解总公司的相关政策,真正地实现上传下达,促进运营以及管理效率水平的整体提升。其中信息网络扮演着重要的角色,中层管理组织可以结合这一体系运作的实质条件加强不同管理部门之间的联系和互动,更好地体现别的文化管理的作用及优势,将实质的交易成本控制在有效的范围之内。

三、企业运营网络化

企业运营网络化服务和网络时代发展的实质要求能够更好地体现供应商、客户、合作企业以及竞争企业之间的内在逻辑联系,如果站在宏观的角度对企业运营的内容和形式进行分析,那么不难发现,在构建企业生态环境的过程中不同企业之间的联系和互动非常的频繁,只有真正地实现相互交流和紧密联系,才能够保障管理资源的优化配置和利用。其中,互联网技术能够更好地提高交流与合作的高度和水平,实现企业之间的良性互动,按照开放化、连贯化的技术标准体现不同企业的发展目标以及发展优势。行业性质以及发展地域的分析尤为关键,企业的管理层可以结合大数据技术以及网络信息技术构建完善的运营网络体系,保障信息交流的及时性及便捷性,更好地促进管理资源的合理利用和配置。

另外,作为一种全新的企业合作形式,虚拟企业信息技术在实践应用的过程之中备受好评,这种信息技术能够体现新时代发展之下企业管理创新的新类型要求核心标准,更好地体现现代信息技术的指导作用及优势,构建灵活多元的合作网络体系,保障不同的管理组织都能够在其中获得相应的指导及帮助,充分地发挥自身的作用及优势。企业的管理层则需要充分考虑不同的影响要素,了解目前管理工作的现实条件,更好地应对生产及销售环节所带来的威胁及挑战。其中生产与营销管理的变革也非常重要,在以互联网为主体加强信息沟通之前,管理人员必须要注重营销管理和生产模式之间的联系和变革要求,突破传统生产方式的不足和桎梏,以条线管理模式为主体,从整体上提高管理的质量及水平,促进管理活动的正常开展。

网络时代的企业管理创新对管理人员提出了更高的要求，企业的管理层需要了解不同管理模式的实施条件，分析目前管理工作存在的不足和缺陷，更好地将创造性的管理策略和管理手段与企业的日常经营工作相联系，充分地开展不同形式的管理实践活动，从整体上提高企业的综合实力。

第三节 儒家哲学与企业管理

孔子继周公道统创立儒家之后，儒家思想成为中国几千年的主流思想。儒家对中国的经济、政治、文化产生了深远的影响。新儒学的代表冯友兰先生则主张把儒家融入时代，为时代的经济、政治、文化发展服务，为实现中华民族伟大复兴服务。企业是经济发展的主体，也是中华民族复兴的主体之一，企业管理也可以从儒家的哲学系统中汲取营养，结合西方优秀的管理科学知识系统，形成新时代中国特色社会主义的企业管理体系。

孔子、孟子、荀子、董仲舒都是儒学大家。本节将重点根据这4位思想家的思想，探寻中国企业管理系统的构建。

一、孔子的管理思想

孔子是世界文明轴心时代的中国轴心，是中国第一个使学术民众化，以教育为职业的圣人。在经济迅猛发展的当代中国，需要大力发展教育培训行业，培育一批像美国波士顿、麦肯锡等著名的咨询公司，对中国的经济、企业发展起支撑、保障作用。咨询师作为企业老师，辅导企业创建、发展、转型，是现代企业不可缺少的管理参谋，是新时代的教育人。

孔子注重直仁忠恕。"人之生也直；罔之生也，幸而免。"正直的人内不自欺，外不欺人。正直是管理者的一项重要品质，坦诚沟通、直面问题，才能快速有效地解决问题。"质胜文则野；文胜质则史；文质彬彬，然后君子。"君子型的管理者要文质彬彬，文质彬彬即中道而行。不可太直，也不可太文。"刚毅木讷近仁。"管理是种笨功夫，管理没有太多高招，必须扎扎实实做。仁是同情心，爱人为仁。孝悌爱亲，忠信爱友，致其身爱老板，泛爱众爱广大员工。孝敬父母，敬爱兄长，营造和谐幸福的家庭。讲信用、忠诚才能使供应商、客户的友谊日久弥香。要提升员工的向心力、凝聚力。要让企业发展的成果惠及每一个员工，增加他们的成就感、幸福感。"克己复礼为仁。"人的性情真流露，又要合乎礼。礼即是规章制度。在企业管理中真正做到仁，需爱人，更需循礼，中道而行。忠是"己欲立而立人，己欲达而达人"。在企业中要善于培养下属，成就同事、上级。因为他们的成功会有助于我们的成功。恕即"己所不欲，勿施于人"。自己不想要的不要强加给别人，在企业中要多站在对方的立场去思考问题，理解对方的立场、做法，在严格按规章管理的同时，善于宽恕下属，恩威并施。

孔子对于利义的观点："既庶矣，富之；既富矣，教之。"孔子并不是不讲利，而是认为利要合义。"君子喻于义，小人喻于利。"君子不仅讲利，更要讲义，义利相合。义是民族经济发展，是企业符合市场需求的增长，是每个员工的获得感。利是企业利润。只有合义，利自然来。小人更多的只讲利，为了追求利润，可以不择手段，甚至不惜违法。最后也会损害利润的获得。在当今世界，义也要合利。德鲁克曾说，企业存在的目的是为了追求利润。没有利益，甚至没有资本市场的资源配置，经济发展之义很难实现。只有义利相合，才能多方共赢。

二、孟子的管理思想

孟子一生的志向为继承孔子之事业，被称为儒家第二圣。"以力假仁者霸，以德行仁者王。以力服人者，非心服也，力不赡也。以德服人者，中心悦而诚服也。"在企业管理中，管理要善于德治，以德服人。管理者加强自身道德修养，修养达到一定的境界，就会有感召力，感召下属以德治企。"民为贵。"孟子以为一切的制度都是为民所设。在企业管理中，要体现人本思想、人性化管理，充分考量员工的发展要求。"或劳心，或劳力。劳心者治人，劳力者治于人。"知识型社会大量劳心工作者出现，要充分发挥劳心工作者的效率，使他们在决策中承担一个积极的角色、智慧的角色和自主性的角色。"恻隐之心，仁之端也。羞恶之心，义之端也。辞让之心，礼之端也。是非之心，智之端也。""人皆有不忍人之心。"恻隐之心、不忍人之心，皆指人性本善。这与西方管理的Y理论相吻合，在性本善的前提下，我们要尊重相信下属，要为他们的工作提供条件机会，要正面激励和调动员工的积极性，使他们勇于承担工作责任。人之性包含人之所以为人者，"仁，人心也；义，人路也"。公司的战术层面的制度措施，要从下到上制定，让每个岗位的员工都参与，这样他们就会对自己参与制定的制度标准高度认同。认同了，不仅会执行，心态也会随着事情转变。"富，人之所欲。""贵，人之所欲。"孟子不主张把个人私欲摆在首位。"仁义而已矣，何必曰利。"孟子主张企业的管理要符合义，义合利至。孟子没有明确利，与他所处的时代有关，在当今社会，应明确强调利。像西方新教伦理明确，企业家应追逐利益，赚到钱后回馈社会，多做公益事业。孟子强调义是对的，有义才有利，但得到更多的利后，可以做更多的有意义的社会事业。孟子哲学的神秘主义，即浩然之气，个人在最高境界中的精神状态。企业管理要善于激发员工的精神状态，提升工作效率，以企业的文化保障企业长远发展。

三、荀子的管理思想

孟子的哲学倾向于唯心论，荀子的哲学则倾向于唯物论。"今人之性，生而有好利焉，顺是故争夺生，而辞让亡焉。生而有疾恶焉，顺是故残贼生，而忠信亡焉。生而有耳目之欲，有好声色焉，顺是故淫乱生而礼义文理亡焉。""涂之人百姓，积善而全尽，谓之圣人。故圣人也者，人之所积也。"荀子主张性恶论，这与西方管理的X理论相符合，X理论认为，由于人性本恶，企业管理以经济报酬来激励员工，只要增加金钱激励，便能取得更高产量。要特别重视满足员工的生理及安全需要，同时也注重负面激励，即惩罚。虽然荀子主张性恶论，但认为员工可以通过教育，使之趋向善。金钱激励可以使员工更好、更快地完成目标。惩罚是为了纠正员工的不良习气，使之形成好的习惯。与孔子一样，荀子也注重人的行为之外部规范，即注重礼。"故人无礼则不生，事无礼则不成，国家无礼则不宁。""法者，治之端也。"要注重企业制度流程的建设，让每个岗位的员工充分参与，在讨论阶段，合理性大于权威性，执行阶段权威性大于合理性。中国企业更多是人治，即人情化治理，要慢慢转变到法治加人性化管理上。要按制度流程办事，为结果买单。管理要人性化，以人为本。"不富无以养民情，不教无以理民性。""养人以欲，给人之求。"在企业管理中，要善于让员工富起来，每季度、每年定期增加员工工资，可以实行月度奖金、年度奖金制度，充分调动员工的积极性。可以推行员工的持股计划，让企业发展的红利惠及普通员工。要善于在企业中造就收入标杆员工，形成激励效应。随着企业的发展，要加强企业员工的教育培训，使员工思维与收入同步发展。"好礼仪，尚贤使能，无贪利之心。""不恤亲疏，不恤贵贱，唯能求之。""无德不贵，无能不官。"在企业选用人问题上，管理者不管是从内提拔还是从外招聘，应注意人才的德才兼备，厚德载物才可长远发展，能力卓著才能带领企业披荆斩棘，使企业的战略真正落地。所以在选用人时，忌任人唯亲、管理上近亲繁殖。

四、董仲舒的管理思想

景武世，董仲舒为儒者宗。"人之形体，化天数而成。人之气血，化天志而仁。人之德行，化天理而义。人之好恶，化天之暖清。人之喜怒，化天之寒暑。"人副天数，天人合一。在企业管理中，管理者要根据不同时节安排企业的生产经营，根据不同年龄段员工做好老壮青员工梯队衔接工作，让德才兼备的青年人才有发挥的余地，让年老员工老有所养。董仲舒提出性有三品：圣人生来性善，小人生来性恶，中人之性则可善可恶。在企业管理中我们应该坚持中人之性论，人性本无善恶，管理者需引导、管理、强化，使员工的行为、习惯趋向善。"仁之法在爱人，不再爱我；义之法在正我，不在正人。"管理者德治就要严于律己，宽以待人。董仲舒还把仁、义、礼、智、信加以总结系统化，完全可以成为企业管理的儒家系统。

儒家哲学经过后期儒学大家的传承、发展，已经随时代的变化而发展。尤其宋明理学，儒学大家更是把儒学和佛学相结合，开辟了新儒学的境界。在习主席提出中华民族伟大复兴、文化自信时，新时代，我们更应该坚信传统文化仍有时代魅力和价值。儒家的理念和精神价值是可以在新时代企业中展现和开发的。新时代中国特色社会主义企业管理体系需不断地完善和强大。

第四节　企业管理美学

时代前行，随着社会经济水平的不断提高，企业管理的作用也越来越重要，面对新的实际情况，管理美学在企业管理中的应用范围也在不断扩大，其对树立正确的企业审美观念以及厘清企业的经济效益与社会效益的关系有着一定的指导作用。因此，管理美学是在新的历史机遇下对社会效益与企业效益实际情况的思考所形成的新的思想维度。

一、什么是管理美学

把美学与企业管理联系起来形成的企业管理美学，是在新的历史机遇下对社会效益与企业效益的实际情况的思考所形成的新的思想维度。我国著名美学家李泽厚先生曾说："已经没有任何统一的美学或单一的美学，美学已经成为一张不断增生、相互牵制的游戏之网，它是一个开放的家族。"人们经常说管理既是科学也是艺术，既然管理中有艺术的影子，那么管理必然与美学有着千丝万缕的联系。因此，管理美学是分析和发掘一切管理行为中的美学因素，并能够能动地正确认知这些因素，最终把握住管理艺术的一般规律。管理美学与具体的企业管理中各个学科不同，它不是为具体的企业管理提供方法和手段等，而是运用美学的相关原理为企业发展以及生产运行中所出现的某些问题提供一种一般号召或指引一个方向。管理美学不是管理学与美学的机械相加，而是两者之间的有机结合。马克思说劳动创造美，美产生于实践。而实践的主体是人，那么把握住管理美学的一般规律，能够提升人在实践中的审美素质，增强人的本质力量，使企业管理更为艺术，既提高了企业管理的有效性，也提升了企业的生产效率、带动了社会效率。

二、管理美学的作用

管理美学由于具有管理类相关学科与美学的双重交叉性，所以它所涉及的范围显得十分广泛，其作用也凸显在个人、企业和社会等多个层面。

（1）管理美学对个人的作用。管理美学是一种人性之美。企业管理中切实有效的沟通无非是站在对方的角度想问题。不同的人看见不同的对象，产生的知觉也是不同的，用好的眼光看待别人，看见的也是好的东西，用坏的眼光看待别人，自然看见的是坏的东西，所以，知觉在沟通中所产生的影响作用大于其事实，美是源于心，并能够外化于行的一种知觉，在一个组织中，发现美、理解美、运用美，对沟通好与坏有着重要的作用；团队是一个荣辱与共的"生命共同体"，如果每个成员都用美好的眼光去看待别人及周围的事物，并以美好的期盼去进行沟通，我们就会发现，工作是美好的；所以，当美学走近沟通时，你就会发现另外一种温情其实也很美。这样就形成了一种沟通的和谐氛围，既使沟通有效，也在沟通中不断提升了个人素养。

（2）管理美学对企业的作用。一方面，在现代的管理实践活动中，人的价值作用在不断地凸显，这样一来，人的总体地位在企业的日常活动中不断提升；企业员工的劳动环境就迫切需要改变，不但可以提升员工的身心愉悦程度，还可以提高工作效率，减少事故的发生。科学的空间布局、空灵的装修氛围、唯美的绿植，都是审美情趣的体现；相比之下，单调的格局、垃圾遍地的环境，就难以满足员工身心愉悦的需要，影响工作的和谐，进而降低了工作效率。另一方面，在管理过程中，管理的主体与客体之间的协调，会在一定程度上引起人们感官上的愉悦。管理活动的计划、组织、指挥、协调、控制的职能按照一定规律稳步进行，形成了一个完美的运动过程。这个运动过程是具有组织效率的要求，任何组织要想有效运转，都决定于人的因素，人的因素是人的积极性，调动人的积极性的最有效的途径是对管理美学的灵活运用。

（3）管理美学对社会的作用。企业的生存离不开社会的依托，社会的进步也需要企业的发展，因此企业与社会的关系是一种和谐共赢的关系，企业管理人员要有一种强烈的社会效益意识，在迫切追求企业自身物质利益的同时，必须把追求社会效益结合起来，例如，良好的企业形象会带动相关企业的健康发展、树立较强的生态意识等等。这既具有一定的审美价值，更是审美境界的一种体现。

三、如何形成企业自身的管理美学观

（1）以正确的理论为指导。企业的主体是企业的全体劳动者，因此在探索管理美学的过程中，要使管理美学为企业的全体劳动者服务；在企业管理的实践中，逐渐形成企业全体劳动者所喜闻乐见的审美意识。

（2）优化企业环境，生产精美产品。美化员工的工作生活环境，营造员工的休闲娱乐场所，使员工在工作闲暇之时能够放松身心，消除疲劳。制定规章制度，使员工注重仪容仪表，语言文明，间接展现出企业优秀的审美意识。产品是企业经营活动的中心，所以在提升审美意识的同时更要注重产品之美。随着时代的不断发展，人们对产品的需求已经不限于"有没有用"这样的层次了，因此还需更加注重产品外观，以及产品的延展性和统一。

（3）注重美化人际关系。孟子曰："诚之者，人之道也。"就是说为人之诚是我们每个人应当遵循的处世原则。在企业的人际关系中，首先领导者要树立"诚"的意识，言必有信，行必有果，不欺员工，这样一来使员工的参与感大幅度提升，体会到他们在企业中的主体地位。"诚于中，形于外。"心中质朴，内外相应，才能产生美，如果每个人都这样，那么人与人之间就能到达真正的和谐。同理，调节企业中的人际关系也是一样，企业中不同的个体有着不同的利益关系，要有效协调他们之间的微妙关系，离不开和谐的人际关系和美的形式。

第五节　企业管理变革和创新

随着科学技术的不断进步、信息时代的到来、经济全球化进程的加快，企业早已不能固守于传统的管理思想和管理制度，需要不断根据社会的发展而做出改变。我国的企业目前正处于一个巨大变革的时期，就是经济体制从计划经济转向市场经济，这对于我国的企业而言，既是一个很好的机遇，又是一种严峻的挑战，企业需要不断提高自己的能力来应对这一改变。

一、组织变革的定义与过程

（一）组织变革的定义

在某个时间点上，大部分管理者需要改变企业中的某些制度，这些改变划分为任何有关人员、结构和技术的变更的组织变革。组织变革需要一个管理者来承担变革管理过程的责任，就是一个变革的推动者。他既可以是组织内部的管理者，也可以是员工甚至是企业外部的一个客户或者顾问。对于某些比较重大的变革，企业的管理者通常会聘请外部的咨询顾问来给他们提供建议和援助。也正是因为这些顾问的外部人员身份，他们有着一种对这个企业的第三视角，看问题相比企业内部人员来说也更加客观。但是外部人员对企业内部的政策和结构了解不如内部人员深入。这正是因为外部人员不必对企业变革的结果承担责任，所以他们更可能成为企业变革管理的推动者，而企业内部人员因为要考虑变革的后果影响，他们在变革时会更加深思熟虑，但也可能变得过度谨慎。

（二）变革的过程

成功的变革是一个可以计划的过程，变革通过对现状的解冻，可以达到一个新的阶段，然后通过再冻结过程使变革成果变得持久。解冻是变革必不可少的准备阶段，它可以通过促进变革的驱动力，减弱抵制变革的抑制力，或者两者进行解冻。一旦完成解冻，变革就可以自发实施了。但是，仅仅引入变革是不能保证变革成功的。新状态需要再次冻结保证变革的持久性。除非最后的阶段也完成，否则员工还是会有很大的可能回到原来的平衡状态，也就是原有的工作模式。再冻结有利于强化新的行为模式，巩固新的状态。

同时，我们所处的经济和文化环境变化的步伐正在加快，而我们对未来的预见性也在逐步下降。在当今社会中，如果组织还将变革看作是平静安稳的，那么这个企业必然是岌岌可危的。对于组织和其管理者而言，有太多的东西变化得太快，以至于我们没有足够的精力来应对。商业环境早已不像以往一样，这就要求管理者要时时刻刻做好准备，保持工作的高效，管理好他们所在组织和工作所面临的各种变革。

二、企业管理变革对企业的影响

关于变革对公司的具体影响，人们常常回答说，生产部门应该加大新产品创新的力度，加快生产方式的改进步伐。事实上，企业变革的影响远不止于此。应该说问题要复杂得多。企业变革应该被视为一种系统的整体功能反应。作为一个组织系统，企业通常由各种要素组成，如企业目标、程序、组织结构和科学技术。变化的本质可以说是导致企业文化结构、管理体制和产品结构的连锁反应的过程。换句话说，变化的本质可以说是导致企业文化结构、管理体制和产品结构的连锁反应的过程。如果一个企业由于外部市场环境的变化而改变其业务目标，就必须调整企业的人力资源、技术能力、组织结构和企业文化。外部环境的变化将引发一系列的变化。

（一）变革对企业管理机制的影响

这一变化将对企业的管理机制和程序提出更高的要求，并撼动企业长期形成的内在决策机制。积极建立员工参与变革管理机制，员工可以理解和支持企业变革。否则，如果员工认为他们的意见没有得到认真对待，或者他们不能参与变革的决策过程，他们对变革的抵制可能会增加。

（二）变革对企业组织结构的影响

变革将动摇企业的传统组织体系，并呼吁形成新的组织结构。为了顺利实施变革，企业需要重新设计组织结构以适应新环境，减少各种阻力。例如，减少沟通不畅造成的矛盾和摩擦，减少不合理分配权力造成的员工负面情绪，并消除部门协调不力造成的工作效率低下。

（三）变革对企业文化的影响

变革通常需要突破企业文化固有的制约因素。成功的变革需要良好的企业文化支持。企业变革管理与文化建设的关系是相互补充，不可分割的。如果人们认同开放创新企业文化，他们可能会有意识地支持公司的转型战略。人们已经适应了原有的企业文化的存在与氛围，改变企业文化，就是改变企业工作的环境与氛围，甚至是价值观，在很长一段时间内，员工都难以适应。

（四）变革对企业人力资源的影响

企业的变化可能会使一些员工感到不舒服、不理解或不满意。例如，如果员工的技术能力不符合新工作环境的要求，或者员工认为变更是对自身利益的威胁，他们可能会抵制变革并制造变革的障碍。人们抵制生活方式上的一些改变，正如很多人知道少吃垃圾食品多做健康的运动对我们的身体有好处，但是现实中却很少有人这样做。同样地，对于企业内部人员来说，变革对于他们可能是一种威胁，大多数人会对掌控之外的事产生一定的恐惧感，主要是变革存在不确定性，还有个人的习惯以及个人利益的得失。另外，变革让不确定性取代了确定性，因为我们习惯于做某件事，突然的改变会造成不适应。还有就是人们本能地害怕失去原来拥有的东西，因为人们认为变革威胁到了现阶段他们已经付出的投入。在现实生活中，人们付出得越多，就越抵制变革，因为他们害怕变革损害自己的个人利益。所以抵制变革的很大原因是员工的个人利益和企业利益不相符。

三、企业管理创新对企业的影响

（一）优化企业组织结构

一个组织的结构会给创新带来重大影响。第一，有机式的结构会给创新带来积极的影响。因为这种结构规范化程度和企业集权程度十分低，促进了组织的灵活性，而灵活性对于创新十分重要。第二，丰富的资源可获得性也是创新的关键因素。丰富的资源可以使管理有能力购买创新的机器设备、工具。第三，组织内部的密切沟通有利于打破创新的障碍。

（二）增加创新型人才

创新需要不同的思想碰撞，这样才能产生新鲜的想法，所以员工之间的密切交流有利于实现创新的基础。管理者会尽可能地缩小工作时间给员工造成的压力，释放员工的活性，使他们更容易产生新的想法，从而会更加努力地工作，让自己变得更有创造力。当一个组织结构明确表示支持创造力时，员工的创造力也会随之加强。

（三）生产新型产品

设计思维和创新之间有着千丝万缕的联系。设计思维可以为创新所做的，正如全面质量管理可以为质量所做的。全面质量管理为贯穿整个组织的质量提高提供了一个流程，设计思维也为从未存在的东西提供了一个流程。当一种业务以一种设计思维实现真正的创新时，强调的重点在于更加深刻地理解消费者的需求和期望。它要求把客户视作真正的人，存在着真实的问题，而不仅仅是销售目标或者人口统计。但是它也要求将这些对消费者的洞察结果转化为真实的、可用的产品。

四、减少企业管理变革和创新的阻力的方法

（一）给予员工一定的补偿与奖励

当变革的信息出现传达错误时，管理者可以通过对抵制变革的员工进行教育和沟通，消除管理者和员工之间的误会。当变革抵制者有能为组织做贡献的可能时，管理者应该鼓励员工参与变革，拉拢员工给他们以好处。若是变革抵制者态度强硬，管理者也可以跟他们进行谈判，通过进行价值交换来达成协议，或者答应给员工一定的补偿和奖励。

（二）培养员工的创造力

当今时代，企业的成功离不开创新，因为社会每天都在变化，稍微不留意，就会跟不上社会的发展步伐。在这个动态多变、紊乱无序的全球竞争环境之下，一个企业要是

想在竞争中获得成功，就必须利用自己的创新能力，创造出新的产品和服务。创造力指的是以某种特殊的方式综合各种思想或者在两种思想之间建立独特联系的能力。一个拥有创造力的组织有能力开发新颖的工作方式和解决问题的方案。但是，仅仅有创造力是远远不够的，创意过程产生的成果需要转化为有用的产品或工作方法，这就是创新的定义。所以，创新相对于创造力来说在于拥有创意，并且有能力将这些创意转化为新的产品或工作方法，当组织管理者要实施组织变革来使组织更具有创造力时，就意味着它们需要激发和促进创新。

（三）构建创新性企业文化

一个创新型组织的文化大都是相似的，它们都包容每个人不同的思想，鼓励观点的多样性，不会限制员工的思维发展，越是一些看起来不切实际的想法越能带来创新的方案。创新型组织的管理一般都比较人性化，不会像传统企业那么默守陈规。而且它们对于风险是有容忍度的，因为创新是要承担一定的风险，它们会将这作为学习的经验而不是想办法规避。它们重视开放的系统，密切监视着环境，当环境一发生变化就立刻做出回应。

总之，企业变革管理在 21 世纪不断变化的商业环境中变得越来越重要。企业变革具有直接影响企业员工、企业文化、组织结构和管理体系等各个方面的系统性特征。实施变革战略并非易事，要求企业综合考虑各方面的影响因素，科学运用当代变革管理的三种理论，积极采取各种有效的措施，放弃贪婪的自我约束，建立前瞻性的观念，立足当前，展望未来，锐意进取，努力通过变革和发展实现生存的战略目标。

第六节　企业管理流程与企业管理效益提升

近年来，随着我国经济的持续发展，国内许多企业不断地发展进步，但在发展的过程中遇到了各种不同的瓶颈，其中最关键的一项就是企业管理。而企业运作的主要目的就是盈利，以盈利最大化与管理最方便化为目的的努力才产生了企业管理，而管理效益如何和管理流程有着重大联系，本节从企业管理利益与管理流程之间的联系入手，简述了企业管理中需要注意的原则、企业提高管理质量的方法和具体提高企业管理收益的办法。

在企业长期的运行中，想要达到企业所想达成的利益最大化需要对多方面进行调控，这个过程就是企业的管理过程，而经济收益与企业管理的效益直接关联，而管理的效益与流程密不可分，因此对企业管理的流程进行分析和研究并做出相应改善十分有必要。

一、企业管理效益与管理流程的联系

前文中提到，企业管理实际上就是对企业运行的各个环节进行调控，而这个范围基本上包括企业所有的项目与流程，因此所谓企业管理效益的改变就是和企业管理的流程直接相关的，但是具体怎样取得更大化的管理效益需要对管理流程进行不断调整和优化。也就是说，企业的管理效益取决于管理流程。但是管理流程虽然对管理效益有着直接影响，却并不能决定企业的管理效益，因为不同行业、不同项目、不同时期相同的管理流程取得的效果是不同的，最大化的管理效益需要多方面的思考与计算。

二、企业管理中需要注意的原则

（一）全面协调原则

企业进行企业管理的主要目的就是将本来零散的各个项目串联起来，共同运行调整以取得很高的效率和更多的利益，因此在企业管理中需要考虑的一个要素就是企业的全面协调性，如果在调控管理的过程中依旧是只对某一小环节进行调控而放弃大局上更长远的利益，那么企业管理的效果是微乎其微的。想要完成企业管理的真正目的，需要有一定的全局观和大局意识，并在适当时期做出合适的判断并执行以取得最大化的利益。

（二）经济利润原则

促使企业进行管理的主要原因就是为了更大的利益，如果企业管理不能取得更大的经济收益那么它就是不合格的，而企业运行的本身与根本目的就是赢利，所以在对企业管理的流程进行改善、调整甚至重新制订计划时需要一切以经济利益为先，为了更加长远的利益，有些项目并不适合全部进行调整，因此怎样对管理的过程进行调整、什么情况下调整需要不断地探索与研究。

（三）可持续发展原则

在企业选择进行企业管理的同时，企业也是在对未来进行着长足的规划，渴望寻找更广阔的发展空间。也正是在这个目的的推动下，企业管理不断优化改进，已经尝到甜头的企业更加地重视管理程序并推动其不断发展。因此，想要保证管理的效果能够真正发挥需要努力达到企业最根本、最原始的目的，也就是保证企业规划具有可持续发展的能力。

三、提高企业管理质量的方式

（一）企业"瘦身"计划

一个企业的运行十分庞大，需要细分为具体的不同部门，而企业规模越大部门分类就越多，这种情况下就难免出现多余的部门与功能，因此对企业进行"瘦身"计划来减少成本从而取得更多收益是一个很常见的方式，而细化就是保住企业的"新陈代谢"。例如在企业中会在某些时期出现亏损，而面对亏损最好的方式就是清理或者减小其规模。另外，随着企业的不断进步，有些早期能够产生作用的资源在后期不再发挥作用，成为低效资产或者无效资产，它们的存在会增大企业的运行风险，因此应当清楚，这些都是企业整体质量提升的方式。

（二）优化完善管理流程

企业管理的过程十分烦琐复杂，主要原因就是管理过程中需要对很多东西进行思考并做出处理，而单一环节的考虑往往又是不周全的，需要将某一措施与其他多个环节综合考虑，这就使管理产生了复杂性。而想要使管理更加高效的一个办法就是简化管理的流程，最大限度对于一些管理措施赋予权限，允许其直接进行，而具体应当对那些内容和环节进行权限开通，给予什么程度的开通还需要后续不断地研究总结，但是完善企业管理流程来谋求更高的管理质量也是一种比较实用的方式。

（三）树立现代化管理理念

企业想要使管理水平和策略不断提高，需要树立正确的管理理念，如前文提到的诸多管理中需要遵守的原则，而这些原则并不是不再变动的，而是随着时代的发展和企业的需求不断变化的。因此，想要使企业管理真正有成效并有长远发展空间，需要树立现代化的管理理念并将之落实。

四、提高企业管理收益的具体措施

（一）做好风险预估

在对企业进行管理和调整中，很大一部分都是对各个环节的风险进行估算并制定应对措施，而且在当下反馈的信息来看，风险预估措施取得的效果十分明显，而这个原因主要在于企业在长年的运行中早就累积了一部分经验，清楚哪些地方容易出现问题并提前防范，而风险预估就是这一功能的扩展，成功帮助企业避免了许多不必要的损失。

（二）对标管理的使用

对标管理在当下企业中的运用并不算广泛，很多企业认为自己规模小无法也不能与行业领先企业同台竞技，贸然进行对标会对员工造成打击进而动摇公司的根本，其实不然，压力确实会使人崩溃，但是合理引导的压力能够激发更多的潜力与动力，对标管理就是这样一个双刃武器，使用得当就能鼓舞员工士气、催动其上进。

（三）做好预算管理

在企业的运行中，一切项目的进展都需要一定的成本，即便是企业管理制度的运行也需要成本，只是相较之下继续管理的收益高于不进行管理的收益，能够产生更多利润。而在企业管理过程中，需要对预算和成本进行估计和调控，一些成本在一定范围内是可以进行调控的，如选材的成本就可以通过操作和计算减少，从而获取更多的利益。

企业管理对于一个企业而言十分重要，良好的管理制度是保证企业长足发展的前提，也是稳固企业已经取得成效的最佳途径，但是企业管理是困难且复杂的，管理流程的操纵需要注意很多事项，因此如何才能取得更高效的管理效果还需要不断地总结落实，依旧有一条很长的路要走。

第二章 企业管理

第一节 企业管理模式创新

经济形势的不断变革,促使企业需要在管理上加强重视,对管理方法不断创新改革,推动企业的进步发展。对此,本节首先论述了当前企业管理模式中存在的短板,然后对其创新方法展开探讨,提出了几点可行措施。

一、当前企业管理模式中存在的短板分析

从目前实际来讲,部分企业的管理模式存在一些普遍性的问题,这也是创新管理中需要加强重视的关键。

(一)管理模式走向极端

现如今,在企业管理方面存在很多不同的理念和方法,狼性管理、饥饿管理、柔性管理等等,都是现如今比较流行的管理模式。不少管理者对于这些不同的管理方法存在片面化的认识,在企业内部的管理中,单纯贯彻某一种管理方法,从而导致企业管理走向极端。单一化的管理模式,虽然有好的一面,但是也存在不好的一面,会给企业的发展埋下隐患,不利于企业的健康长远发展。在新经济时期,必须要重视这一问题。

(二)未能发挥员工的作用

企业管理,在很长一段时间内被片面地认为是企业管理者的事情,也就是企业领导应该承担管理工作,和普通的基层员工没有关系。然而从经济视角来讲,员工和企业是一个整体,企业发展得好,员工才能获得更好的机会与利益。在企业管理中,员工也具有一定的管理作用,如果没有将员工的管理作用发挥出来,就会导致企业管理过于局限,不能强化员工之间的协作,如此就降低了企业的凝聚力。

(三)管理执行没有落实

不论是什么企业,管理工作只有落实到位,才能取得效果,不论是出于人性化考量

还是激励，确定好的制度不能随意更改，应该执行的管理工作也不能随意变动，不然朝令夕改只会降低员工对管理工作的重视，越来越不重视管理工作，进而导致企业内部出现混乱和不安定因素，给企业的未来发展造成很大的影响。

二、创新企业管理的可行方法

针对目前企业管理中存在的短板问题，管理人员要从根源上引起重视，然后对症下药改善管理模式，为企业的未来发展构建和谐的环境。

（一）融合多种模式实现优化管理

单一的管理模式不可避免地会存在短板缺陷，因为没有一种管理方法是绝对完美的，都存在短板。所以，为了尽可能地降低单一管理模式的局限性，就可以对几种不同的管理模式进行融合，首先是企业管理的优化。具体来说，企业要结合自身的实际情况，从企业类型、人员构成等方面出发，选择几种管理模式进行融合。将各种管理模式的优点发挥出来，通过融合将各自的缺点予以避免。这样一来，就可以在企业内部构建起多元化的管理体系，张弛有度、松紧结合，从而在企业内部营造良好的管理氛围，推动员工的发展与企业进步。

（二）引导员工参与发挥管理作用

在企业管理中，为了让管理效果达到更好的水平，不能让管理工作局限于管理层，需要让基层员工也切实有效地参与进来，发挥出管理作用，在企业内部形成一个由上而下的管理体系。具体而言：首先需要对当前的管理制度进行调整优化，将管理权限适当下放，给基层员工创造一定的自主管理空间。同时，要通过制度形式对这些管理权限进行说明，并予以一定的约束，确保企业人员可以在权限范围内发挥出管理作用。其次，要广开言路给员工创造管理决策的渠道。目前一些企业在管理决策上处于故步自封的状态，由管理人员自行商议之后直接拍板，这会导致一些新的管理制度或是方案无法得到基层人员的认可，从而引起人员流失。因此，为了避免这种问题，就要聆听基层员工的心声，可以通过微信、微博、电子邮箱等渠道，将自己对企业管理的看法和建议表达出来，甚至可以构建基层员工参与的企业决策模式，给基层员工一定的决策权利，使其能够在企业管理中切实发挥作用。

（三）要有效落实企业管理工作

在企业管理这个方面，对于相应的管理工作，也需要有效落实。在遵循人性化理念的基础上，要全面规范地执行管理工作。具体来说，首先要严格按照规章制度办事，对于企业内部的事务，如绩效考核、岗位晋升等，必须要依照具体的制度办事，不能出现违规的情况。其次，要落实奖励与惩罚。对于企业内部设置的奖励或是惩罚，在达到条件之后就要及时落实，该奖励的就要给予奖励，该处罚的就要给予处罚，将管理落实到位，才能让企业员工信服，并且积极遵守相关的制度。

（四）大数据时代下企业管理模式创新

对于企业来说，大数据时代是非常好的发展时机，但由于我国目前对于大数据技术研究较浅，且推广时间较短，以至于企业生产等活动在某些方面受到制约，相对于时代发展的步伐有些落后。而在长期发展之中，大数据管理体系的建立更能使企业在市场中占据主导地位，更有利于企业的经济效益。智能化成为管理创新的必然趋势，良好的物质基础是管理模式创新的可靠凭证，首先应加强各种基础设施的建设，对管理模式的硬件及软件设施进行完善，确保各部门之间在信息对接过程中零差错，实现信息对接高效率。除此之外，企业应将信息化作为自身管理的企业文化之一，运用信息化来开展各种活动，在潜移默化中改善员工的传统思维模式，提升企业管理的整体水平。

企业管理是保证企业发展的关键工作，而目前的形势下，企业管理还存在一些问题，需要引起重视。这就需要相关人员对此进行深入的探讨，找到目前存在的具体问题，然后对应改进管理方法。可以多种方式相互融合，也可以引导员工参与管理，还需要充分落实管理，从多方面推动企业管理的深入发展。

第二节 企业管理模式与企业管理现代化

目前，我国的经济在快速发展，社会在不断地进步，企业管理模式对企业管理现代化发展具有较为重要的作用，因此，需要进行科学的研究与革新，转变传统的企业管理模式，打破传统工作方式的局限性，对企业的长远发展具有良好的意义。

近年来，随着人们社会地位的不断提高，企业的发展面临着巨大的挑战，在激烈的竞争市场中，企业想要占领一席之地，就要立足于管理模式的有效性。如何在企业管理当中融入现代化，不仅成为当前企业发展的重点任务，还得到了社会的广泛关注。因此，企业应该在自身发展的基础上，进行全面、科学、深刻的改革。本节将通过3个方面对我国目前企业管理模式的发展现状进行分析，从而根据不足，给出有效措施。

一、我国企业发展中 3 种管理模式的特点

我国国土面积较大，经济状况发展程度不一，使得我国出现了多种管理模式，笔者将针对其中最为典型的 3 种管理模式的特点进行简单介绍，分别是规范化管理模式、人性化管理模式及家庭化管理模式。（1）规范化的企业管理模式。这一管理模式是在第二次工业革命之后，我国通过学习美国企业的管理模式所出现的。这一管理模式主要针对企业员工的行为举止方面，使其更加规范化，从而有效地减少了企业中存在的问题，使企业朝着制度化模式发展，并有效地推动了国家工业化进程。通过深刻地分析企业中每个部门所存在的问题，对其进行统一管理，并将这一管理模式严苛地落实到位，这便是规范化管理制度的核心价值所在。企业将会以自身的利益作为规章制度的核心内容，时间一久，便会导致员工对企业管理者失去信任，这也在一定程度上制约了企业现代化发展的进程。（2）人性化的企业管理模式。管理者在制定管理制度时，若是带有较为突出的情感因素，企业管理制度便会显得尤为人性化。企业会掌握员工的各方面需求，并尽量满足，使员工能够更加认真地对待企业所给予的工作，增强员工的责任心，从而促进企业更好的发展。但这种管理模式若是无法控制情感的投入，便会导致内部情感出现紊乱状态，不仅无法达到企业制定的标准，还会对企业的发展造成不可估量的影响。（3）家庭化企业管理模式是较为常见的管理模式。这种模式是自古便存在的，也是当前使用最广的一种管理模式。这一模式主要通过血缘将企业中的各个部门联系到一起，使企业在决定今后发展时能够保持统一的态度，并能够保证其良好的运行。但这种模式中管理层大多是同一家庭成员，随着企业的发展，中下层工作人员便会产生一定的不满情绪，使得企业缺少凝聚力，直到企业发展的中后期阶段，这一问题便会突然爆发，从而导致企业发展停滞不前。

二、企业管理模式与企业管理现代化的发展措施

（一）遵循人本原则

在企业管理现代化发展的过程中，遵循人本原则就是坚持将员工作为管理主体，开展专业知识与先进技能的教育培训工作，在保证促进绩效管理工作合理实施的情况下，能够全方位地提升企业管理工作水平。企业在员工综合素养培养的过程中，需开展各方面的培训工作，提升生产效率，采用激励管理方式与动态化管控方式等，创建完善的绩效管理模式。在此期间需要全面提升工作人员的归属感，引导工作人员树立正确的责任感，在提升工作积极性与主动性的基础上充分发挥各方面管理工作的积极作用。

（二）企业文化管理模式

该种企业管理模式将"以人文本"作为重点、人力资源作为企业生产经营的重点要素，企业的管理应当把工作重心放在工作人员的培训中。即结合企业的实际发展，立足于企业员工的素养，从而开展针对性的培训计划，从根本上解决工作人员水平低带来的问题，保障企业立足于竞争激烈的市场。企业文化管理模式需要提高对员工的关注度，通过提高薪资等方式，满足员工的需要，从而挖掘他们的工作热情，使他们投身于企业生产经营活动当中，推动企业的现代化发展。

（三）企业经营观念的转变

从企业的经营观念角度思考，企业管理模式现代化便是将企业赢利的最大化目的转变为企业可持续发展方向。据统计，当前大多数企业均表现出过于重视企业利益，这一思想非常容易导致企业无法持续发展。而盲目地追求利益最大化，会导致企业在后续发展过程中，出现各种各样的问题。因此，企业应重视现代化的发展趋势，并努力靠拢，从而保证企业在今后的发展过程中得到可持续性的结果。企业应将自身的盈利建立在企业自身的可持续发展之上，只有保证企业能够可持续发展，才能够保证企业在中后期不会被市场所淘汰。因此，企业在日常的管理之中应多重视企业的整体发展体系优化，从而保证企业管理模式能够发挥出其真正的水平。企业应将精细化管理方式作为自身的管理模式，并以科学的方式制定出相应的制度，保证员工对企业分配工作的热情，并为企业员工提供一个公平公正的管理平台。企业在现代化管理的过程之中，应避免将利益放在企业发展的核心目的之中，使企业自身能够更加重视社会的责任感，从而在市场竞争之中树立起良好的品牌形象，使企业能够完成可持续发展的目标。

（四）社会需求与企业利益科学调配

要点归纳。社会需求与企业利益之间的科学调配，也是企业管理现代化研究的有效战略。所谓社会需求，就是指企业产品经营的大众品牌和企业管理在社会上的口碑程度。它们虽然不会直接对企业管理造成影响，但会影响企业人才招聘、产品销售的诚信度，对企业的长远经营造成一定的影响。所谓企业利益，自然是指企业管理的投入成本与企业的整体收益。最佳的状态是，企业管理成本最少，整体收益最大。案例探究：B企业进行企业经营管理方法调节过程中，充分利用企业经营要点，制定经济收益与社会效益均衡性模型，设定企业经济收益为因变量、社会需求为自变量，企业管理工作的开展，必须要先寻求这一模型中的核心点，再进一步调整两者之间不相适应的部分。例如，企业某种营销方法安排是否会对企业品牌造成损害，是否会导致企业资金回笼速率减慢等。案例中描述的，关于均衡企业管理模式优化中，多项元素综合调控方法分析，就是对社会需求与企业利益科学调配要点的把握。

（五）将管理制度与人文关怀有机整合

企业在管理现代化发展的历程中，应当将管理制度与人文关怀有机整合，创建现代化的管理模式。在此期间，企业需要结合内部常见矛盾，对经营管理工作与制度内容进行改革与完善，在保证所有管理工作顺利实施的情况下，形成良好的管理理念，并促进各方面工作的合理实施与发展。在此期间，需要重视工作人员的创新能力，提升工作热情，保证结合企业人才需求了解工作人员的工作能力，并为其制订完善的职业计划，加大身心健康的重视力度，定期开展思想政治知识的培训工作，提升其职业道德素养。在一定程度上还能增强工作人员归属感与工作热情，更好地达到管理现代化发展目的。

三、企业竞争节点的转移

企业应将提升自身运营能力放在首要位置，而不是将市场竞争作为企业的主要目标。而企业在提升自身运营能力时，也是提升自身的管理敏捷性。传统的市场竞争往往是一次性交易的状态，这种状态会让企业产品的寿命周期缩短。此外，没有良好的其他服务也是无法实现企业可持续发展的重要问题。为此，企业在市场竞争之中，应对自身的产品进行严苛的质量检验，并做好相应的服务。只有这样，才能有利于企业在市场竞争中占据一席之地。此外，当企业所生产的产品价值过于老旧，也会影响自身在市场中的地位，因此需要企业对市场行情有所了解，这便是企业对市场的灵敏度。只有在保证产品的生产速度、生产质量及生产实用性的基础上，企业才能在市场竞争中立于不败之地。企业在对外销售产品时，需要注重自身的营销手段及相应的管理模式，以消费者为主要内容，以提升消费者的主观体验度，使消费者能够在体验产品的同时，得到最为优质化的服务。企业在制订营销计划时，应将市场内外的变化相融合，以促进企业与消费者之间的关联，从而使企业的各种资源均能够得到充分的利用，为企业的发展做好相应的基础准备工作。

在企业管理过程中，为了促进管理工作现代化发展，应当科学地改革与创新管理模式，遵循人本原则，创建科学化与现代化的工作模式，保证全面提升整体工作质量与效果。

第三节 企业管理模式的成熟度分析模型

企业管理对于企业的发展起着非常重要的作用，运用成熟且稳定的企业管理模型对企业进行管理，企业的管理实效会有显著性的提升，因此正确地评价企业管理模式并做好选择便成为企业发展中需要重点关注的内容。就目前的分析来看，在市场经济体制下有较多企业管理模式被运用，这些模式的具体特点不一，优势和价值也迥异，更因为当前创新因素的参与，部分企业管理模式虽有运用但是成熟度却不足，因此要准确认知企业管理模式，需要对企业管理模式的成熟度等进行分析。本节就企业管理模式的成熟度分析模型做讨论，旨在为企业管理模型判断和评价提供帮助。

企业管理是企业发展和进步需要重点解决的问题之一，所以企业的管理需要和市场环境相适应，这样管理的实效性价值发挥才会更加彻底。就现阶段的研究来看，在不同的发展时期，经济环境不同，企业在管理模式的采用方面也会有所差异。不过随着经济环境的改变，企业为了实现创新与发展，也会积极地进行改革，进而实现管理模式的改变。就当前的资料研究来看，企业管理模式会有一个产生、发展再到成熟的过程，而且越成熟的企业管理模式，其运行的专业性越好，风险越低，因此在企业管理实践中对管理模式的成熟度进行分析和评价，对于企业管理的进步和提升有显著的意义。基于企业管理模式成熟度的分析，研究成熟度的分析评价模型有重要的现实意义。

一、企业管理模式概述

企业管理模式对企业的发展影响显著，尤其是近年来，随着改革开放的不断加深，越来越多的企业管理理念和思想在国内渗透，企业管理模式也有了显著的变化。就当前的分析来看，国内对企业管理模式的研究一直在进行，也取得了不小的成绩，但是企业管理模式的定义到目前为止尚不明确。对相关资料进行研究发现，不同的组织和机构对企业管理模式的定义明显不同，比如有的组织机构认为企业管理模式指的是管理思想、管理理论、管理原则、组织结构、运行机制以及方式等整个管理体系的总称；而有的组织则认为管理活动是在一定模式下开展的，所以其在实践活动中表现出来的具体形式便是管理模式。

二、管理模式的成熟度模型

企业的管理模式对企业发展的影响是显著的，而且具体的管理模式会在企业发展实践中不断的成熟。当前的研究资料表明，企业管理模式会随着企业的经营发展实现进化，而且这种进化呈螺旋上升模式。对现阶段企业发展的管理模式做具体的分析发，现企业管理模式的成熟度模型始终处在不断的变化中，而且模型会随着变化不断的升级，以下是管理模式成熟度模型的具体级别分析。

（一）企业管理模式的初始级

最低级的企业管理模式成熟度模型为初始级，初始级的成熟度模型存在着较多的不确定因素，因为影响企业管理的因素是多样的，而这个阶段的企业管理就像是"摸着石头过河"，所有的管理理念、策略以及方法均在不断的摸索中，所以此时形成的管理模式是不健全的，存在较多问题。对初始级的企业管理模式进行分析可知这种管理模式有多种管理模式并存的现象，但是具体的管理并没有明确的核心，所以企业的管理难以形成成熟的体系。综合来讲，企业管理模式的初始级是最不成熟的企业管理模型，其存在的多重不确定性会造成企业管理的混乱，所以在分析企业管理模式成熟度的时候基于初始级模型可以确定具体的企业管理现状。

（二）企业管理模式的可重复级

比初始级高一个级别的企业管理模式为可重复级。如果在实践中企业取得的成功是经过可以证实的组织活动获取的，而且企业管理模式的关键过程领域、公共特性以及关键实践等均在企业的成功中发挥了重要的作用，说明企业管理所利用的管理模式具有规章性和结构性，这种规章和结构已经摆脱了"摸着石头过河"这个阶段，企业的管理有了明确的思路和结构布置，由此，企业管理模式的成熟度进入可重复级。就企业管理模式的可重复级分析来看，在价值层面上，企业对市场具备了一定的适应能力，有了较强的风险控制意识。在中间层面上，企业的管理架构已经具备了较强的组织性，新型管理结构有效改善；在执行层面上，企业的管理业务流程也出现了不断重复和增加。

（三）企业管理模式的可定义级

在企业管理模式的可重复级发展基础上，企业管理模式会进一步成熟进而进入可定义级。从具体的资料研究和调查分析来看，可定义级的企业管理模式具有标准化，管理的一致性也比较强，管理任务、管理目标以及管理的具体流程等都能够通过文档化在企业管理实践中运用，所以利用这种企业管理模式，企业经营的预期效果会更加明显。对企业管理模式的可定义级做具体分析，其在价值层、中间层和执行层方面有自己的特点：首先是就价值层而言，管理者能够在基于市场的基础上对企业发展的行为和活动做预先的定义，而且具体制定的方针和策略能够用来核定和测量具体的结果。简言之，企业管理模式的后续发展会有比较系统的阐述和说明。其次是就中间层来讲，企业管理模式的定义级需要有组织架构和管理上的支撑。最后是执行层。因为定义级的企业管理模式成熟度相对较高，完整的规章制度等均已形成，所以具体的管理执行会具有标准性和制度性。

（四）企业管理模式的可管理级

可管理级是在定义级的基础上进行进化的企业管理模式，这种管理模式进入了可计划、可领导、可控制和可组织的高度。就企业管理模式的可管理级具体分析来看，此种管理模式的成熟度相当高，员工能够对企业的管理做深入的理解，所以在企业经营实践中，这种管理模式的应用在企业人员管理调动方面的效果十分突出。对企业管理模式的可管理级做具体分析可知，其在价值层面上的特点是对市场环境的适应能力较强，企业能够在发展中借助管理理念以及经营战略表现出自身的成熟魅力，企业能够获取和利用的资源也有了极大的提升。就中间层面的分析来看，企业的组织架构以及管理技术等均有了较为详细的测量标准，管理质量以及管理数量的分工会越来越明确。就执行层面来讲，该种模式的执行更具制度化和规范化，整体企业管理体系的运行会呈现出和谐的状态。

（五）企业管理模式的可优化级

企业管理模式的可优化级是比可管理级更高的成熟度模型。从企业管理模式的可优化级具体分析来看，其是一种能够持续优化企业管理的模式，是企业管理模式的改进。对企业管理模式的可优化级做实践性探讨发现这种模式在运作中成熟度更高，不仅使企业的领导层、管理层有着较高的素养，对管理执行比较到位，普通的企业员工也能够实现对管理的深层次认知。在这种管理模式下，企业文化的建设会更加的突出，其在企业发展中的作用会更显著。总之，可优化级是目前企业管理模式的最高成熟模型，也是所有企业管理持续改进的发展目标和方向。

综上所述，企业的管理模式对企业的经营发展影响巨大，而且各个阶段的企业因为自身或者是外在的因素会采用不同的企业管理模式。具体分析企业管理模式成熟度的分析模型能够有效地利用模型对企业的管理模式做成熟度评价，这对于企业管理进步有重要意义。

第四节 基于大数据的企业管理模式创新

随着经济全球化的到来，社会快速发展，人民生活水平显著提高，不仅在经济方面取得了巨大成就，科学技术水平也获得了很大提升，促进了互联网技术的快速发展。可以毫不夸张地说，当前人们的生活已经被互联网全面覆盖，人们足不出户便可以知晓天下事。互联网技术的广泛应用，使得每个人的手中都拥有 1 台以上的智能移动设备，遍及街道各个角落的监控摄像头等各式各样的电子产品对数据的储存和应用都表现出爆炸式增长的需求。以上这些急速增长的数据存储及应用现象，都代表着大数据时代已经到来。大数据加剧了市场竞争，给现代企业的管理模式带来了或多或少的冲击，如何在大数据时代背景下，创新企业管理模式，促进企业长久发展，提高企业经营收益，已成为当前企业管理学者研究的重要问题。

一、当前企业管理模式中存在的问题

企业管理模式，英文可以用"Business Mode"来表述。国内学者对"管理模式"的界定可以归纳为"资源配置说""体系说""方式方法说"3 种观点。"资源配置说"认为管理模式是企业固定的资源配置方式，即管理模式是企业在特定环境下关于人力、财物、技术、信息和知识等要素之间的配置关系。"体系说"认为管理模式是企业在长久经营中沉淀固化下来的一套管理制度、规章、程序、结构和方法，是为了实现经营目标而建立的企业管理系统的整体结构和运行方式的总和。"方式方法说"认为企业管理模式是企业从管理实践活动中抽象出来的一系列不同内容的方式方法的图示和样板的总称，这里的方式不是具体的管理技巧、管理方法或管理手段，而是指经过抽象后得到的能够反映企业管理特点和内在联系的一种理论化了的样式，是实现企业资源向产品和服务转变的指导方法。任何组织都需要同外部环境进行物质交换才能保证其生存和发展，即任何组织都是一个开放的系统，企业也不例外。因此，企业管理活动会受外部环境的影响，如所在国家或地区的文化背景、经济水平、政治体制、技术水平、所处行业等。同时，企业又是由人力、财力、物力、信息、技术等要素构成的系统，要素禀赋及要素之间的协同作用也将影响其管理活动的运行方式。综上所述，企业的管理模式将因内外环境因素的差异而表现出不同的特征。

大数据在给企业带来广阔发展前景的同时，也给企业的管理模式带来了一定的冲击。

大数据时代企业管理面临的问题主要有以下几种：大数据的商业价值没有得到行之有效的开发和利用，当前的企业管理者没有正确认识到大数据的商业价值，缺乏创新意识，与当前大数据发展趋势产生了偏离；当前企业缺乏对大数据进行分析的先进技术手段；企业中缺乏了解大数据、能够进行数据分析的人才。当前的企业管理模式中，传统模式应用时间过长，乏善可陈，只有对大数据进行深刻分析、深入了解，才能为企业管理模式提供更多新思路。因此，创新企业管理模式首先需要加强对大数据的分析和了解，才能使企业得到更好发展。

大数据的商业价值没有得到有效开发利用。对当前的企业管理模式进行调查分析可以发现，大多数企业仍采用传统的企业管理模式，过于传统的数据采集模式无法获取有效信息。同时，企业管理者缺乏创新意识，不清楚大数据资料的价值，因此导致其仍旧盲目秉持传统的企业管理理念，认为企业管理实现信息化就已足够，无须采纳更多数据支持。以目前的数据采集水平，企业的信息化发展能够保证企业的长久经营。还有一些企业的管理者，虽然能够意识到大数据的作用，但他们并不能将大数据与企业管理模式有机结合起来。企业管理者单方面过于追求企业的经济效益，而不愿意花费时间和精力在大数据分析上，更没有利用大数据创新企业管理模式的意识，导致企业的数据分析存在很多问题。

当前企业对大数据没有先进的分析技术。商业智能技术是指将本企业同行业中相关方法和措施进行一系列的描述，并结合企业当前状况与实际情况进行分析，将分析结果提供给企业的一种管理模式。当前的企业可以采用这种技术制定相关商业决策，这种商业智能技术能够帮助企业进行有效数据分析，从而提高大数据的利用价值。然而，通过对当前企业管理模式的调查发现，大多数企业在进行数据分析时，并没有采用这种商业智能的新技术，而是采用传统的数据分析方式，分析多以企业数据方面资深分析师等人员的人工解析为主，其过程相对商业智能技术过于滞后，并且数据分析结果存在较大误差，对企业发展有着较大影响。因此，大数据时代的企业管理模式亟待创新。

企业缺乏数据分析人才。随着科技的发展和时代的进步，人们在大数据中获得了巨大收益，逐渐融入大数据时代中。然而，现代企业的发展仍缺乏大量数据分析和数据处理人才，而现有数据专业人才的实际质量远远无法与当今时代需求相匹配。当前的企业对数据进行分析时，仍是采用传统方法将搜集到的数据进行分析处理，存在较多的不足和缺陷。基于大数据的企业管理模式要求企业在分析数据时，将所搜集到的数据先进行统一归纳整理，而不是局限在传统的信息化和市场营销范围中进行分析。加强对数据分析人才的培养，引进更多人才，建立人才培养机制，培养复合型数据处理人才，才能为企业发展提供翔实完整的数据分析。

二、基于大数据的企业管理模式创新方法探析

大数据时代是社会发展的必经阶段，大数据中包含海量的企业相关信息和客户相关信息，具有非常高的商业价值。企业管理者只有意识到大数据宝贵的商业价值，基于大数据的优势对企业管理模式进行创新，才能帮助企业更好发展。在大数据的时代背景下，最重要的是对大量数据的整合分析，需要专业的数据分析人才，以及借助一定的科学管理方法对海量的数据进行管理和储存，保障数据的准确与安全。

基于大数据的企业管理模式创新要求企业管理者树立大数据理念，提高对大数据商业价值的正确认识。正确合理地运用大数据进行整合与分析，能够为企业的发展带来巨大的经济效益和商业效益。企业管理者要认识到大数据对企业发展的重要性，将大数据与企业管理模式相结合，利用大数据优势，提高决策的可行性。

基于大数据的企业管理模式创新要求企业管理者对企业面临的市场环境有正确认识。企业的发展离不开客户的支持，在大数据环境下，对于客户信息的获得将更加便捷。大数据的优势在于不仅能够帮助企业全面、快速、便捷地捕获客户群体的信息，而且能够通过数据整合分析更好地把握客户的兴趣方向，从而针对不同客户的不同需求为客户提供人性化、差异化的服务。在大数据时代背景下，通过互联网技术能够维持企业与客户的联系和沟通，提高客户忠诚度。

基于大数据的企业管理模式创新需要培养专业的数据分析人才。大数据时代的到来，可以视为一场全新的科技革命，需要培养一批大数据应用型人才。企业在招贤纳士引进精英的同时，也要致力于建立相关的人才培养制度，重视大数据分析人才的培养，提高数据分析能力、数据整合效率，提升企业的经营管理水平。21世纪最宝贵的财富是人才，企业的竞争就是人才的竞争，只有培养出专业的数据分析人才，才能为企业长久稳定的发展奠定坚实的基础。基于大数据的企业管理模式创新还需要树立一个全新的决策主体。通常来讲，企业的决策主体往往是高层领导，然而，大数据时代的企业管理中决策主体应当进行转换。限制企业高层管理人员的决策权力，把更多的决策权从企业高层领导身上转移到社会公众身上。通过树立全新的决策主体，广泛收集采纳社会公众的意见，使企业管理模式得到创新。

基于大数据的企业管理模式创新要充分利用企业员工的社会网络。不仅要利用企业员工在企业中的社会网络，还要充分利用企业员工非上班时间的人际关系网络，将以人为中心的各类网络相结合，并加以有效运用，如此一来便能够将企业的数据群体扩大到更广的范围，同时增加不同数据来源的数据类型。大数据时代互联网技术的迅速发展，

使得现实生活中的人际关系逐渐转移到了网络平台。因此，要抓住网络平台这一具有影响力的社交工具，发展社交网络群体，使之最终发展成为企业的客户，为企业所用。在企业管理中，擅于利用企业员工的社交网络，能为企业扩大客户群体，为企业的长久发展带来好处，是创新企业管理模式有效的途径之一。

第三章　企业营运资金管理

第一节　企业营运资金管理

一、我国企业营运资金管理中存在的问题

(一) 流动资金不足

目前，我国企业普遍存在流动资金短缺的情况，面临着营运资金风险。作为社会资源的一种体现，资金包括流动资金的紧缺是在所难免的。但是，这种流动资金的紧缺状况已经超出了理性的极限，诸多不合理因素的存在严重干扰了各企业个体和全社会总体的营运资金运转。营运资金作为维持企业日常生产经营所需的资金，与企业经营活动的现金循环密切相关，营运资金不足将直接影响企业交易活动的正常进行。此外，企业要扩充规模或者转产经营，也会因得不到必要的资金而一筹莫展。

(二) 营运资金低效运营

企业营运资金低效运营的情况十分普遍，主要表现为以下几点：

(1) 流动资金周转缓慢，流动资产质量差，不良资产比重较大。应收账款数量普遍增高，且相互拖欠情况比较严重，平均拖欠时间增长，应收账款中有很大一部分发生坏账的可能性较大。在计划经济向市场经济转轨的过程中，由于许多企业对市场认识不足，盲目进行生产，导致产品结构不合理，竞争力差，原材料、产成品、半成品等存货不断积压，占用了企业大量资金。此外，部分企业存货的账面价值大大高于其市价，但高出部分并没有被及时摊入企业成本费用中，造成存货中包含大量"水分"。

(2) 应付账款使用率差距大。我们知道，应付账款周转期越短，说明企业的偿债能力越强，无限制延长应付账款周转天数，会降低企业信用等级。但是企业若能在一定期限内有效地使用商业信用这种无息借款，必然会减轻企业的利息负担，增加收益。在我国，由于企业信用体系不健全，部分大企业利用自身的信用优势，过分地依靠应付账款

融资，造成应付账款的周转率极低；而小企业由于自身原因，较难获得商业信用；还有一些具备利用商业信用条件的企业却抱着"不欠债"的传统保守观念，放弃了这种无息的资金来源。应付账款融资方式在各企业中没有达到充分而有效的利用，降低了营运资金的运营效率。

（3）流动资金周转缓慢，迫使企业大量借入流动资金，利息的压力又加剧了企业的亏损状况，使企业营运资金周转呈现恶性循环的局面。

（三）营运资金管理弱化

企业的营运资金管理混乱，缺乏行之有效的管理措施和策略，也是当前企业存在的重要问题之一。

（1）现金管理混乱。流动性最强、获利能力最低是现金资产的特点。现金过多或不足均不利于企业的发展。部分企业，尤其是广大中小企业，财务管理机构不健全、财务人员短缺，没有制定合理可行的最佳现金持有量，编制现金预算，并采取有效措施对现金日常收支进行控制。现金管理有很大的随意性，经常出现没有足够的现金支付货款和各种费用或现金过剩的现象。这种对现金的粗放型管理模式是不能适应市场竞争趋势的。

（2）应收账款控制不严，资金回收困难。很多企业业务收入的连年增长并没有带来利润的持续增长，主要原因就是同期应收账款数额增长的比例更大，而且账龄结构越来越趋于恶化，经营净现金流量持续为负。

二、完善企业营运资金管理的对策

（一）改善企业外部环境

（1）政府应在进一步明确政企关系、加快企业制度改革的基础上，完善财政体制改革，为企业形成资本积累机制创造宽松的环境。同时积极推行现代企业制度，充分利用现代企业科学的治理结构，明确各方的责权利，使企业做到彻底的自主理财。企业必须真正从其对资产增值的关心上获得增强积累和有效分配投资的内在动力。这样，才能自觉注重资金积累，成为真正意义上的独立经济实体。

（2）规范企业的利润分配。当前有些企业，只注重眼前利益不考虑企业的生产发展后劲，以各种名义乱发奖金或用于福利建设，从而挤占生产资金。考虑到流动资金紧张状况，企业的利润分配应坚持积累优先原则，首先满足生产经营之需要，然后再将税后利润在投资者之间进行分配。

（二）改变企业经营观念，强化企业内部管理

第一，认真做好营运资金计划，事先掌握各流动项目和资本支出的变动趋势，预先消除影响营运资金状况的消极因素。第二，加强营运资金管理的制度建设，做到规范、合理和有序的管理，提高管理层次和水平。第三，建立营运资金管理考核机制，加强企业内部审计的监督力度。第四，加强企业财务预算，提高企业运营效率。通过制定预算，不仅有助于预测风险并及时采取有效措施防范风险，还可以协调企业各部门的工作，提高内部协作的效率。

（三）控制固定资产投资规模，防止不良流动资产

固定资产投资的特点是一次性全部投入，且占用资金较大，而资金的收回则是分次逐步实现的。固定资产收回是在企业再生产过程中，以折旧的形式使其价值脱离实物形态，转移到生产成本中，通过销售实现转化为货币资金的。这种资金的回收往往是缓慢的。投资的集中性和回收的分散性，要求我们对固定资产投资，必须结合其回收情况进行科学规划，避免出现企业在实际经营过程中过分追求投资规模、扩大生产能力，而影响营运资金正常运作的情况。不良流动资产主要是指不能收回的应收款项和不能按其价值变现的积压、变质和淘汰的存货。这些不良流动资产产生的主要原因在于管理问题，并会直接导致营运资金的流失，使企业遭受经济损失。防止不良流动资产的产生应做好以下几方面的工作：产品以销定产，确定货款回收责任制，与信誉好的用户约定回款周期，保证及时收回货款；在会计核算方面采取谨慎原则，按规定提取坏账准备金，以防止坏账的发生；把好物资采购关，防止采购伪劣物资，并做好仓库物资保管工作，及时维护各类物资，防止变质和损坏；合理确定物资储备定额，防止过量储备，根据市场情况及时调整，对供大于求的物资，按月需求量订货结算，甚至采取无库存管理。

第二节　营运资金的周转

随着社会经济及全球化进程的不断发展，我国及国际的市场经济竞争越发激烈，要求我国企业在此情况下不断提升各方面的管理、运营能力，增强自身综合竞争力，以面对当下日益增加的竞争压力。而营运资金周转效率作为企业资金管理中的重要组成部分，需要企业负责人不断提高自身运营风险的控制能力，提升并调整企业营运资金周转效率，以实现企业的可持续发展。由于全球化经济的发展，精细化管理因其对企业发展的积极作用，现今也已被国内的许多学者所关注，且被很多企业管理者运用到工作管理

之中。因此，本书从精细化管理在提升营运资金周转效率方面的重要性出发，立足于现今在企业中存在的营运资金周转效率问题，对使用精细化管理提升营运资金周转效率提出了初步的建议。

营运资金即企业流动资产减去企业流动负债后的余额，指的是可供企业进行营业运作、周转的流动资金，可以用于评估企业偿还短期内到期的流动债务的能力，其需求的满足，可以使企业经济效益和综合竞争力得到进一步的提升。而营运资金周转效率意为企业在一个时期内的营运资金周转次数，对其高低的把控对于企业盈利能力有着重要影响。如果企业营运资金周转效率过高，可能暗示着企业营运资金不足，偿还短期内到期的流动负债能力差，但如果太低的话，也暗示着企业投入的营运资金未能取得足够的销售收入，即盈利能力较差。因此，相关负责人应对营运资金周转效率引起足够的重视，对其高低进行合理的把控，对于过低或过高的原因进行科学合理的分析，以增强企业综合竞争力。基于上述条件，本节对精细化管理运用于控制营运资金周转效率方面的问题进行了分析，以寻求更为合理有效的企业管理模式。

一、精细化管理用于营运资金周转效率中的意义

精细化管理运用于财务管理之中，主要是通过对企业战略目标及财务目标进行分解、细化，最终将每个目标落实到每个环节之中，使得企业的战略能够贯彻于每个经营活动之中。其基本要求在于结合企业的实际情况，对现存的问题环节进行分析，并对其进行改善和完善，以促进整个企业的可持续发展。而在营运资金周转效率中的应用要注意以下方面：首先，需要管理负责人具有全局性的思维，通过对所有资金的合理利用及对现金流的管理，提升企业营运资金的使用效率，最终形成企业发展的良性循环。其次，通过对所有资金的集中管理，并通过对所有营运资金进行使用计划的制订，以战略目标和财务目标为基础对每一笔营运资金进行具体分配，实现营运资金的合理使用，降低其使用成本，实现其最大效能。最后，精细化管理，使得企业管理者及财务负责人能够对每一笔营运资金的使用都进行跟踪及管理，对每一笔营运资金的使用过程都进行有效的监控，保障营运资金使用方式能与前期预算、企业战略目标、企业财务目标保持一致。

二、目前企业存在的营运资金周转效率问题

（一）对营运资金的使用缺乏科学合理的计划

面对我国存在的融资困难问题，大多数企业负责人未能对其应对措施进行考虑，并且在现金管理、存货管理、应收账款管理方面，没有制定科学的"最佳现金持有量"，

使得投资方式盲目、现金管理随意、存货管理不及时不完整、应收账款风险过高等，导致企业在需要营运资金时却无法获得足够的资金支持。按照这样的方式下去，使得企业的贷款量不得不增加，提高了资金的使用成本及自身的经营压力，阻碍了企业的可持续发展态势，其根本原因都是因为企业或财务负责人在对营运资金进行使用和管理时，未能制订合理的计划与安排。

（二）对营运资金的使用缺乏有效的监管、管理机制

我国企业面对日益激烈的市场竞争环境，仍然存在着许多运用粗放式资金管理模式的情况，而在这种粗放式的资金管理模式之下，相关负责人都未能建立起有效的营运资金监督制度，或已建立起监督制度，但其职能却未能被真正地发挥出来。大多数企业还存在着营运资金管理制度缺乏的情况，特别是在面对重大投资时，因资金使用决策制度的缺乏，导致企业资金的控制与实际情况脱节，影响了企业对营运资金的控制及变现能力。另外，由于我国企业对资金管理缺乏监督惩罚制度，使得资金的回笼难以及时到位，且在生产企业中，由于库存的占款过多，使得资金的沉淀越发严重，营运资金的周转效率也因此下降，影响了企业的盈利能力及其信用水平，阻碍着企业的高效发展。

（三）企业负责人对精细化管理理念认知不足

精细化管理作为一种先进的管理理念，在西方国家的市场实践中取得了良好的成绩，但在我国，大多数企业负责人对其的认知程度却严重缺乏，或采取直接套用先进企业的精细化管理模式，未能与自身营运资金管理现状相结合，导致精细化管理的作用难以实现。

三、在营运资金周转效率方面使用精细化管理的建议

（一）提高对精细化管理的认知程度

企业负责人应不断提高自身对精细化管理的认知程度，树立更符合现代化发展要求的管理理念，加强对战略制定及资金使用计划中对营运资金的考虑，建立健全科学合理的资金管理体系，使得企业内外部的所有经济活动都能做到有章可循，避免因投资方式盲目、现金管理随意、存货管理不及时不完整、应收账款风险过高等导致的现金缺乏。对于企业内部的财务人员，企业负责人应加强对其的培训力度，提高其对于企业经营运作中各个环节的预算管理能力，保持营运资金链条的持续稳定，保证营运资金的良性循环。

（二）企业营运资金管理应具有资金周转效率管理意识

企业管理者应将企业所有的经营活动作为一个整体，并对此进行通盘考虑，通过对

企业的经营作业进行组合安排、对企业全部资产进行盘活及对企业可控制的资源进行整合等方式来提高企业整体的运营效率及资金的周转效率，从而增加企业盈利。

（三）建立合理有效的营运资金监督制度

在精细化管理运用于营运资金管理之中时，需要企业负责人建立更加科学有效的监督制度，对每一项经济活动的处罚机制应该明确合理，并且通过责任制度的建立，将员工的切身利益，即绩效考核，与其制度相结合，提高员工对于营运资金监督的积极性，提升营运资金的周转效率。此外，在监督制度制定后，相关负责人应坚持公平公正、奖惩分明的原则，并且在后期执行过程中，及时对制度中存在的问题进行纠正和完善。但需要注意的是，对监督制度的调整需要经过决策层的集体决策同意，不可随意进行调整。

（四）提升财务分析和风险评估能力

财务负责人在企业战略计划制订完成后，应根据其目标制订出营运资金及各环节的预算方案，并不断提高自身专业性及对于潜在风险的判断能力，使得自己或企业负责人能够对企业整体资金链情况及发展情况有一个整体的把控，能够对后期可能出现的风险制订出合理的应对计划，提高企业的生存发展能力。而在此过程中，财务负责人可以利用更为现代化的信息手段，对营运资金的状况进行自动、定时的收集，提高资金的集中化、精细化管理，对于营运资金分散闲置的情况进行及时的处理，避免资金使用效率及周转效率的降低。

（五）完善企业内部的控制、审计能力

企业负责人应加强企业内部控制的能力，使得员工能够积极参与到营运资金管理之中；还应在企业内部建立专门的审计组织，对营运资金的流向进行定位及跟踪，与财务人员共同对存在的问题进行分析和解决，以优化营运资金的配置，做好资金的安排，避免出现营运资金链断裂的情况，并保证营运资金周转效率在合理范围内，保证其相关信息的合理可靠。

（六）加强企业供应链管理能力

供应链是指围绕核心企业，从采购原材料开始，制成中间产品以及最终产品，最终由销售网络把产品送达消费者手中的一个由供应商、制造商、分销商、最终消费者所连接的整体功能网链结构。供应链管理是通过企业间的协作，谋求供应链整体最优化，成功的供应链管理能够协调并整合供应链的所有活动，最终成为无缝连接的一体化过程。而在营运资金管理中的应用，可以缩短资金周转时间，提高企业资金周转效率，以增加企业盈利，并且提高企业的预测能力及协调能力。

企业营运资金作为企业资金管理中的重要环节，其核心在于资金周转效率的管理，对企业的目标利润的实现及可持续发展起着重大影响。而精细化管理作为先进的管理理念，可以通过对企业经营及运作活动的细化，实现资源占用程度及其管理成本的最大化。面对日益激烈的市场竞争环境，相关企业负责人应不断提升企业营运资金的管理能力，结合先进的管理理念，适应现代化进程的发挥发展，以提升自身综合竞争力，将有限的营运资金发挥出最大效用，为企业创造出最大化的经济效益。

第三节 现金管理

改革开放以来，我国的企业形式越加的多样化。在以往计划经济体制下，企业的管理模式在众多的竞争中，已经出现了各种各样的问题，越加不适应现代企业发展和现金管理的需求。现金管理观念的落后、管理形式的滞后，使得我国企业的现金管理面临着十分严峻的问题。为了在严峻的企业竞争中赢得企业的发展，必须重视企业现金管理工作的革新，找出企业发展中存在的现金管理问题，并制定相应的改革措施。

一、企业现金管理的主要内容

企业的现金管理是保障企业正常运行的重要因素，是保障公司运营血脉的纽带。现金，在现代企业的管理中是流动性最长的一种货币融资模式，也是最便捷最快速实现企业资金管理的手段。现金在现代企业的资产管理中处于十分重要的地位，若想保障企业的正常运行，必须重视起现金管理的作用。企业拥有一定的现金对于企业的日常管理、发放员工工资、缴纳各种税费、公司运营的杂费管理费，都是十分便捷的。

企业现金管理的存量是影响公司长远发展的重要因素之一。强劲的现金流量可以加大公司的资产规模，增强投资商的信任度，加大公司投资的概率。现金流量的多少是投资者判断企业活力和经营管理能力的重要参考，也是衡量企业偿债能力的重要标志之一。根据企业现金管理的目标，计算出企业一年内的企业现金流量，找出相对应的区间。可以进行同期或者上一年的现金流量的对比，找出更加合理的企业现金管理模式。企业现金周转率的高低也是影响企业现金管理的一个方面，所谓提高现金的周转率必须从降低现金平均持有量和增加入库现金的销售收入两个方面着手，这两方面缺一不可。对于企业的财务管理人员岗位职责而言，合理地使用现金，增强现金的周转率，是一个企业现金管理的重要内容，也是企业存亡的关键因素。企业资金储备充足，对于企业的融资和债务偿还也十分有利。

二、企业现金管理中存在的问题及原因分析

(一)企业现金管理意识不强

在我国目前的情形之下,企业对于现金管理的经验不是很丰富,没有意识到企业现金在日常管理中的重要作用,缺乏现金管理的意识。传统的中国企业,都比较重视企业的业务工作,对于企业现金财产的管理并不重视。由于轻视财务工作,很多企业甚至没有专门的企业财务管理部门,财务管理混乱,不成体系,缺乏现代的管理体系。甚至很多企业把管理现金当作财务管理的工作,没有形成系统化的财务管理工作,导致企业财务管理混乱,资金浪费严重,内部推权违责现象突出。同时,现金管理制度形同虚设,决策权大部分掌握在领导手中,透明的现金管理情况在企业中并不常见。除了领导管理意识的随意性,很多职工对于公司正确管理现金的意识并不是十分的强烈。缺乏足够的管理意识、现金流量意识,针对员工公差报销的差旅费等现金的报销额度更加的明显。对于公司超过1000元以上报销的数额本应当使用支票的规定情形,在现实企业工作中被遗忘和滥用。

更有甚者,企业员工营私舞弊,会计人员利用职务之便与外部人员相互串通,骗取企业的现金,虚开或者伪造企业的支票,以套取现金为目的进行合作,使企业的现金流遭受更大的危机。

(二)企业现金管理缺少监督机制

目前企业的现金管理出现了很多问题,如现金白条现象严重、虚假支票现象严重、填错记账凭证现象严重、挪用现金现象严重等一系列问题。合理有效的企业现金监管体系可以保障企业的现金流量正常运营,组织可能出现的现金流断裂的情况,将事情防患于未然。但是我国大多数的企业没有完备的企业管理模式,缺乏监督监管机制。更多的是靠企业领导内部的监管或者监管制度形同虚设,人力的监督已经不能够满足企业日益增长的财务管理危机。大多数的企业,在面临现金危机的时候,部门之间会出现相互推诿的现象,甚至造成严重的后果。企业的现金政策过于宽松,导致企业的现金管理部门没有真正地从企业的整体利益进行考虑,出现了很多不必要的问题,给企业的现金监管带来很多问题。由于企业内部财务管理部门的员工综合素质良莠不齐,很多员工对于如何合理地使用企业的现金管理制度并不明确,对于自己的岗位职责并不清晰。由此导致的一系列企业内外部问题,忽略企业真正的利益,甚至给企业带来生产经营的危机。

企业内部现金监管的不到位,直接导致企业面临严重的现金流量危机,使得企业在日益激烈的斗争中越加处于不利的地位。

（三）企业现金预算不健全

通常企业遇到现金危机时，大多是因为决策的失误、内部的监管不到位，企业现金预算制度的不健全也是影响企业管理的重要因素之一。企业的现金预算，在现代企业管理中十分必要。凡事预则立不预则废，拥有良好的企业预算制度，对于合理地进行生产经营活动以及更好地掌控企业的发展都十分有必要。现金预算不仅仅是针对财务管理部门而言，也需要公司的其他相关部门进行配合。预算是部署整个公司生产经营活动的重要战略活动，包括企业的生产、销售、投资、运营、管理等多部门联动的情形。制定全面客观的企业预算，可以帮助企业及时进行利润的核对。在年终总结的时候，及时调整企业的生产经营预算制度，能够帮助企业更好地进行管理，推动企业良好健康的发展。

但是，目前而言，受传统的计划经济的影响，企业间进行预算管理的投入并不多。在部门的设置上，大部分企业的财务部门只进行基础的财务核算和收纳制度，没有将现金预算纳入企业的财务管理中去。企业的现金管理至关重要，大多数的企业没有利用好预算的功能性，缺乏合理科学的规划，影响企业进行现金管理的水平。进入21世纪以来，越来越多的企业为了适应社会主义市场经济的需要，开始注重企业的现金流量的管理。对于上市企业而言，现金流量的多少决定了股民的信任度以及公司在面临危机时的债务偿还能力，对于大型企业而言具有十分重要的意义。对于中小型企业而言，企业的现金流量可以更好地管理本就资金不充足的中小型公司。除了可以控制企业的生产经营成本，还能在以往的预算中找到公司损益的关键问题以及找到可以改进的措施，对于促进公司的发展有百利无一害。完善现代企业管理制度，除了做出合理的薪酬制度、管理培训制度，在企业的内部管理上，也要重视对财务的管理。必须设立专门的现金预算管理部门，及时对企业可能出现的现金预算问题进行沟通，才能保证公司的现金量。

三、应对企业现金管理问题的主要对策

（一）增强企业的现金管理意识

企业的现金管理制度是确保企业资金正常运行的重要方面，现金量的多少影响着企业的运转。计划经济时代遗留的企业管理观点至今影响着企业的生存发展以及对待现金管理的态度。现金管理意识的高低也是影响企业现金管理制度发展的重要方面。合理地利用企业的现金管理制度的意识在员工或者领导中并不盛行，甚至一直被忽视。在企业现金管理制度的投入中，公司的投入过少以及对员工的宣传培训不到位，导致员工的现金管理意识薄弱。企业现金管理的低水平和低效率一直影响着企业正常的生产经营。企业的盈利模式不仅仅是从销售环节赚取利润，也是在内部的监管中节省成本，从而使企

业更快更好的发展。企业的现金对于投资者而言也是一项重要的参考，股东的投资大多数是以现金的方式进入企业，合理地进行投资资金的管理也是十分重要的。企业的资产在现金的流动中不断地转化，从而获得更好的收益或者为企业的管理做出贡献。在提高企业的现金管理意识方面，可以对员工定时进行现金管理重要性的培训，同时对现金管理缺乏的机制及时进行培训，对企业的领导进行密集的培训，让他们了解到企业现金量的重要性。企业现金管理的意识需要提高，需要在明确企业的现金管理要求的基础上逐步进行。

（二）建立现金管理监督制约机制

企业的现金管理制度需要企业内部的监督管理，需要改变以前的现金管理方式，从低层次逐渐向高层次发展。不断完善企业的财务管理方式以及现金监管制度，是企业发展壮大的基石。低层次的企业现金管理方式需要不断地进行优化发展，从而确保现金的正常运行和一切事物的处理，加强企业对日常经营的管控。

我们可以从以下几个方面进行优化：对于企业的领导者而言，我们应当不断地提高领导者的决策能力以及风险防控能力，尽量减少可能遇到的主观上的财务管理决定，从源头上断绝现金影响公司运营的可能性。

对于财务人员而言，需要正确地认识企业财务管理的必要性以及提高相应的业务水准。专业的财务管理人员必须在企业进行财务管理的同时及时进行整理比较，从而得出良好的财务管理经验，及时地做出合理的决策并进行调整。

（三）制定科学的现金预算目标

科学的现金预算可以帮助企业提前制订公司的发展规划和发展目标，避免工作的无科学性和盲目性。科学的预算管理体制是衡量企业是否具有良好的财务管理体制的重要参考因素。在现金预算中，正确地估算公司的价值和公司的发展路径，对于影响企业的经济效应和预算目标的合理性具有十分重要的作用。在企业进行现金预算调整的时候，要根据每一季度的反馈及时进行修正，根据企业的实际情况进行预算目标的更改，这也是企业实行现金预算的重要作用。企业可以采用滚动预算的方式设定现金管理的预算目标，通过寻找专业的企业管理咨询公司进行合理的管理体制建设。寻找专业的会计管理公司制定合乎公司发展的会计管理制度，重点发展预算制度。我国正处于社会主义市场经济化的决胜时期，必须加快企业的预算管理制度，防范可能出现的风险才能不断适应市场变化。

改革开放以后，我国的企业形式面临着多样的变化，以往单一传统的企业现金管理模式已经不再适应现代企业现金管理的要求。发现企业现金管理的意义，找出现今企业现金管理出现的问题以及背后深层的原因，同时给出相应的建议，是现代企业必须面临或者解决的核心问题。只有这样，才能不断地规范企业的现金管理模式，为我国企业的发展助力。

第四节 应收账款管理

市场销售中，顾客可以使用现金支付货款也可以使用信用支付，使用信用支付对于销售商来说就形成了所谓的应收账款。信用支付一方面可以增大企业在市场中的竞争力，另一方面还可以增大产品在市场中的占有和销售份额，以增加企业的利润额，所以企业在市场销售中通常会采取应收账款这种信用手段及营销策略。然而，虽然应收账款属于企业资产的范畴，应收账款的增加表面上看是企业的资产增加了，但是当企业的应收账款达到一定数目，一方面会影响企业资金周转的灵活性，另一方面会影响公司的利润，所以应收账款管理成为很多企业面临的重要问题之一。

一、应收账款的含义及形成原因

（一）应收账款的含义

应收账款是指企业在生产销售过程中，发生商品销售以及提供劳务等服务时，顾客没有采用现金支付而是采用信用支付，因此产生的应收款项。它会因增加销售量而增加利润，但是如果账款不能及时完整的收回，不但不能增加企业的利润反而会降低企业利润。

（二）应收账款的形成原因

（1）市场竞争。在应收账款的影响因素中，市场竞争占有主导地位。在如今经济快速发展的时代，竞争无所不在，同样的质量条件下购买者会比较价格、同样的价格条件下购买者会比较质量。同一类型的商品，市场上会有许多不同的质量、价格及服务。很明显，企业如果想依靠产品的质量和价格在市场中站稳脚跟是很不容易的。因此，越来越多的企业采用赊销手段。这样可以招揽更多客户，扩大销售、增加销售额。然而由赊销产生的应收账款的管理成本也是不可忽视的，这些成本会在一定程度上影响企业的经济效益。

（2）很多企业在管理应收账款时没有明确的规章制度，或者相关的规章制度只是摆设。业务部门经常不及时与财政部门核对，导致销售脱离了清算，隐患不能及时表露出来。在应收账款数目较高的企业，当应收账款不能及时收回时，就会发生长期挂账的现象，影响企业的财务状况。

二、应收账款管理方法

（一）选取资信状况较好的销售客户

影响应收账款回收的主要因素之一是客户的资金和信用状况。假设客户的财务状况比较好，而且一直遵守信用，那么应收账款收回的工作就简单得多。相反，如果客户的财务状况不良好，并且信用程度也不高，那么应收账款的收回就会遇到很多的麻烦。由此可见，在条件允许的情况下，企业应该注意对销售客户资信状况的考察及分析。

（二）制定合理的信用政策

为保障良好的经济效益，企业应当对客户的基本情况进行了解，根据客户的经营情况、负债情况、偿还能力及其信用质量来制定合理的信用政策。所以要根据信用的5大标准（品行、能力、资产、抵押、条件）来综合评价客户信用状况，制定合理的信用制度。

（三）加强应收账款管理

产生的应收账款长期不能收回就成了坏账，会影响企业的实际利润。所以当应收账款产生时，我们要增强对其的控制，尽量把其会产生的成本控制在企业可接受范围内。收账政策是企业在应对如何及时收回应收账款时所制定的相关政策。企业可以采用现金折扣等催收方式。对于长期无法收回的，可以将其应收账款改为与应收账款相比具有追索权的应收票据。这样可以在一定程度上减少坏账的损失，必要时也可采取法律手段保护自己的合法利益。

三、应收账款日常管理中存在的问题及成因分析

（一）信用标准不合理

很多公司为了在短时间内增加销售额，在还没有对购买方的信用状况进行调查和了解，还不清楚货款是否能够及时收回的情况下就对购买方销售了货物。同时，在采用赊销时，企业没有将自身的资金周转速度和财务状况作为制定现金折扣、信用期限等信用政策的一个重要参考，而是迁就购买方的情况和要求制定优惠政策。

当购买方没有在预定的信用期限内偿还所欠货款时，企业会打电话或电邮给客户催收欠款，但这样一般都没什么效果，企业仍然无法收回欠款。然后企业会派人去催收欠款，但多数人员在催收过程中稍遇困难就容易放弃，时间长了导致很多应收账款一直挂

在账上，一方面对企业资金的调配有所干扰；另一方面随着时间的流逝，应收账款可能就成了坏账。

（二）企业内部控制存在的问题

在现今的企业中，内部控制制度不完善是很常见的问题。内部控制不完善对应收账款的管理很不利。在产生应收账款后，企业要及时催收账款，出现应收账款不能及时收回时要通知财务部门，财务人员要做好相关财务处理，将其计入坏账损失来冲减当年利润，尽量降低对企业财务状况的影响。在应收账款发生后，企业要及时收回，不能及时收回的要记入坏账损失冲减当年利润。但是由于内部控制制度的不完善，再加上财务人员实践能力不是特别强，应收账款的收回能力很有限。时间在推移，发生坏账的可能性也跟着应收账款数量的增加越来越大。这样，企业的经济效益会受到很大的影响。

大多数企业员工的工资绩效往往与销售量成正比，却没有和应收账款的收回程度挂钩。在这种情况下销售人员会为了业绩使用先发货后收款的手段，反而不太关心应收账款的收回情况。销售发生的应收账款若没有专门的人员去催收和管理，只会导致越拖越长，严重影响企业的财务状况。

（三）责任划分不明确

企业里每个部门的每个员工都有自己的工作，没有人会主动去管理应收账款。往往会等到应收账款数目较大的时候才去管理，但是这样又会造成前清后欠的状况。虽然应收账款是销售人员的工作产生的，即使公司规定由销售部门承担收款责任，但是由于销售人员的能力是销售而不是收款，所以收款的工作进行也不会很顺利。

（四）企业防范风险意识薄弱

企业采用先发货后付款的模式，可能会减少企业的经济效益。一方面企业缺少对购买方信用的考察和了解，并不能保证购买方会按约定的时间及时付款；也没有对购买方的资产状况进行准确的评估，购买方是否有能力付款或者及时付款都是个未知数。另一方面企业没有对自身的财务状态进行评估，没有去权衡如果应收账款不能及时收回，企业有没有能力去承担这个风险。

四、完善企业应收账款管理的建议

（一）加强技术创新，提高产品质量

一个企业想要在竞争中脱颖而出并且站稳脚跟，就需要不断地改革创新，提高产品质量，顺应时代潮流。这就要求企业要对市场进行深一步的调查，全面了解现在客户需

要的是什么，热衷于什么；同时优化内部体系，加大对技术创新的投入，激发创新思维，提高产品质量，生产顺应时代潮流的产品，提高企业的核心竞争力，这是企业能脱颖而出的关键。当然，企业也要与时俱进，了解国内国外同行业产品的质量，要以优质为标准，与时俱进，坚决做到在质量上不输于其他任何企业，并做好相关的售后服务工作。售后服务在使用产品的过程中给客户带来了极大的方便，也间接地对自己产品的质量做了一些保证。

（二）制定合理的信用政策

无论是单笔的赊销还是多笔的赊销，企业在其发生之前都要对公司的财务状态进行评估，要明确企业能够承担多大的由应收账款带来的风险，而不是迁就购买方制定不利于己的信用政策[1]。

1. 成立资信管理部门

由于公司各部门都是各司其职，所以公司应当专门成立一个资信调查管理部门，专门对购买方的信用情况进行了解，部门的工作人员要独立于销售部门，这样就有力地避免了销售人员为了销售量的扩大对购买方进行信用标准的迁就。部门工作人员一方面要进行购买方信用的摸排，查清其信用情况，确保购买方能否及时付款；另一方面也要时刻关注购买方资产财务状况，确保在约定时间内购买方有能力付款。如果发现购买方信用或者财务出现状况，要在第一时间通知销售人员，要中断给其供货，然后要求销售人员尽快去收回购买方的前欠货款，防止应收账款的累积。

2. 加强购买方资信的管理

购买方的资信是应收账款能否及时收回的保证，所以企业设立的资信管理部门要对购买方的5大信用标准进行全面的了解。这5大标准分别是品质、能力、资本、抵押、条件。品质是指购买方的信誉程度，也就是购买方会付其应收账款的可能性。能力是购买方所具有的偿还应收账款的能力。资本是一种背景。这种背景是指购买方的财务状况和购买方能否偿还应收账款。抵押是指购买方用于支付企业应收账款所用的抵押物或者无法支付企业应收账款时用其抵押的资产。条件是一种会影响购买方支付企业应收账款能力的经济环境。

（三）完善公司内部控制制度

1. 加强购销合同管理

企业在进行销售商品时要有专门人员与购买方依法签订合同，公司的专门人员要有公司的授权。合同上要有准确交易明细。如不是以现金支付，要在合同上约定好付款日

---

[1] 柳卸林. 技术创新经济学 [M]. 北京：清华大学出版社，2014.

期；注明若不能及时付清时责任的承担以及超过一定期限后要走的法律程序。

2.明确业务考核情况

对于销售人员的考核不能只看销售额，而是要结合其销售额与收款额。并且要求谁销售产生的应收账款谁负责催收，销售人员定期与财务人员核对应收账款收回情况，制订合理的催收欠款计划。当发现应收账款很难收回时，要及时告知财务部门，财务部门及时做坏账处理，尽量降低企业经济效益的损失。

（四）加强应收账款信息化管理手段，完善坏账准备制度

应收账款管理系统的主要任务是管理客户购销情况、开出的发票和收账过程等。现代很多企业经营范围繁多，销售情况不仅有零售还有批发。完善的应收账款管理系统可以给业务量大的企业提供很大的方便和保障。所以，企业应当根据公司自身情况购买或者开发一套和本公司应收账款管理情况相符的系统。在购买或者开发前，要事先与应收账款管理人员进行沟通，充分全面了解企业应收账款管理的情况，制定出符合企业应收账款管理状况的系统。这样，不仅可以减少企业在应收账款管理上付出的成本，在很大程度上也会降低企业坏账的发生。

（五）合理采用法律手段保护企业权益

大多数的企业为了维持与客户的关系，催收账款的力度并不大，导致很多客户会一拖再拖。当企业发现应收账款不容易收回时，可以适当采用强制手段，如法律手段。在最佳诉讼期内，尽快使用法律手段来保护自己的合法权益，降低企业在应收账款不能及时收回情况下对企业财务状况造成的负面影响。

第五节　存货管理

一、存货管理中存在的问题

（一）存货核算计量缺乏准确性

存货在企业的流动资产中占据很大的比重，贯穿于企业的供、产、销3个阶段。存货计量的准确性与真实性对企业的财务报表与经营成果有很大的影响，准确真实地对存货进行计量是至关重要的。但企业的存货管理往往存在着核算计量不准确、缺乏真实性的问题，导致企业不能对公司的各项指标进行行之有效的分析，以及信息使用者进行行之有效的投资决策。

（二）存货日常资金占用量过大

有些企业为了避免因缺货而不能满足顾客的需求量，或者错失了交货时间而造成的损失以及市场和利率变动所带来的风险，往往忽视了存货的资金占用情况和成本。企业为了保证生产不会因缺货而中断，对相关货物进行大量储备，使得日常资金被大量占用。这就导致存货的管理以及存货占用资金量的多少往往被企业忽视，逐渐造成了企业存货占用资金量过大的局面。

（三）存货采购计划不合理

采购过程中最薄弱的环节就是采购计划，它是非常关键的环节之一。有些企业在存货采购方面缺乏缜密、合理的采购计划，领导者往往凭借感觉或者根据自己的经验来判断是否需要进行存货采购、存货采购量、采购时间，而不是根据实际需要进行申报采购，没有考虑到是否适应市场环境的变化，使得主观因素大于客观存在因素，从而影响了采购存货的科学性。

（四）存货管理制度不健全

1. 存货收发存制度不健全

虽然企业已经建立了一定的存货管理制度，但是在公司实际生产经营过程中这些规章制度很难被遵守执行。例如，企业建立的存货验收制度、发出制度和储存保管制度，这些制度都规定了如何对存货进行管理，但是真正执行起来却出了问题。例如，有些企业在验收入库环节，由于没有及时对采购回来的原材料等物资进行验收，影响了企业的生产。在存货发出阶段，发出存货的计价方法选择不合理，没有遵循一贯性的原则。在仓库储存保管环节，由于仓库管理人员往往是从数量上进行看管，防止货物被盗、丢失，而质量方面是否有问题很难察觉，等到货物出现质量问题才向相关部门汇报，此时已经给公司造成了损失。

2.存货内部控制制度不健全

企业的内部控制过于薄弱，岗位责任制不明确，监督检查不到位，并且存货管理职位没有切实分离。存货进行采购、验收入库这些工作往往是由同一个人完成的，采购价格是与供应商直接协商，没有建立价格联审委员会，没有其他人的监管与制衡，缺少权限之间的制约，使得一些人员通过该缺口徇私舞弊，为了获取更多的个人利益而损害公司的利益。

二、存货管理中存在问题的原因分析

（一）信息技术水平落后

现在有些企业存货管理模式比较传统和僵硬，信息技术水平相对落后，没有实现信息化的系统管理，也未完全实现电算化管理。传统的存货管理模式大大降低了企业对存货进行管理的效率，同时也增加了企业的管理成本。企业大多数采用手工记录的方式，未能严格地按照会计核算制度进行核算，使得大量的信息不能及时准确地被使用，企业存货的情况不能被真实地反映，公司生产管理方式的要求不能被满足，公司所使用的计价方法不统一；同时由于存在大量人为因素，严重影响了公司的工作效率，降低了核算的准确性、及时性和真实性，进而影响了企业的生产经营效益。

（二）存货积压过多带来的负面影响

企业为了避免由于存货储备不足而造成生产经营不能正常进行、延误交货时间的情况发生，就会大量进行采购，加大公司的存货储备量，从而导致存货积压。目前，仍然有许多企业仅把存货作为公司的资产，对存货变现能力认识比较肤浅。如果持有存货量过多，存货在储存过程中发生的仓储费、搬运费、保险费、占用资金支付的利息费等储存成本就会上升，使得公司付出更多的成本。当公司的资金被存货大量占用时，公司的财务风险就可能被加大。这些最终都增加了公司存货管理成本和存货占用的资金量，降低了资金周转率和公司的经济效益。

（三）存货管理重视程度不够

有些企业的管理者认为存货管理仅仅是对存货进行保管，不能给公司创造价值，也不会给予太多的重视，往往特别关注公司的生产、销售等环节，把它们看作重中之重。

他们很难认识到存货管理的重要性，导致在存货管理方面的人力、物力等资源分配不合理，存货管理内部控制与监督机制的效力大大减弱，进而加大了存货管理的混乱性，以及存货管理过程中进行徇私舞弊的可能性，最终增加公司损失。

（四）缺乏信息资源的共享与沟通

企业各个部门都是相互关联的，就像一张密不可分的网，包含的信息被共同分享。但是有些企业通过人工传递这些收集和交换得来信息的方式，会使这些信息不能及时准确地被共享。由于企业各部门之间缺乏沟通，每个部门对存货的数量要求是不一样的，而且它们为了实现各自利益最大化的目标，就会产生一些冲突，造成公司不能准确合理地对存货量进行调整，同时也加大了存货管理的成本。

三、针对存货管理问题提出的相关建议

（一）确保存货核算计量的准确性

对存货准确地进行核算与计量，是公司做好存货管理的重要环节。为了提高存货核算计量的准确性以及存货管理的效率，一方面企业要严格按照《企业会计准则》的要求对存货进行核算与计量；另一方面，企业需要不断地提高信息技术水平，建立健全信息系统，运用先进的电子科技与网络技术来提高信息传递的效率，提高电算化的利用程度，建立更加完善的电算化存货管理系统，逐步减少传统的手工操作。

（二）降低存货积压占用的资金量

存货积压过多造成了公司大量的资金被占用，资金周转率严重下降，所以企业往往通过对存货进行合理规划来防止存货积压过多情况的出现。企业可以采用以下方法对存货进行合理的规划，如企业应当对市场进行充分调研，对消费者需求以及消费心理进行充分了解，能够准确判断消费趋势；或者聘请专业机构、人士进行分析，对市场需求量做出准确判断；也可以采用经济订货批量法进行采购，确定最佳订货量，使得存货库存量以及存货相关总成本最小。同时还需要及时对库存进行盘点，对公司的存货库存情况有准确的了解，为合理地存货采购提供依据，进而减少存货积压发生的可能性。

（三）制订合理的采购计划

合理的采购计划会使公司生产经营活动正常进行，减少存货积压或短缺的可能性。制订科学的采购计划，一方面需要严格遵守执行公司制定的存货采购授权批准制度，按照规章制度办事，从而加强存货采购过程的合法性，进而有效控制存货的采购数量。另一方面需要加强企业各部门间信息资源的共享与沟通，采购部门要和其他部门保持紧密

的联系。企业各个部门之间是相互关联的，可以通过现代信息技术共享存货信息，以及时准确地使用公司的信息，从而使效率得到提高。

（四）制定合理的存货管理制度

1. 完善存货收发存制度

企业要建立更加完善的存货收发存制度。首先，要完善存货的验收制度。在存货进行验收时，要及时对原材料等物资进行验收，建立详细准确的账簿。其次，对于存货发出的制度也要进行完善。一定要选择合理的发出存货计价方法，如果没有特殊情况，发出存货的计价方法一经确定，不允许随意更改，要遵循一贯性的原则。在存货发出时，要严格按照正确的领用程序进行审批，准确填写领用单据，妥善保管，以便后期进行核查。最后，要对存货的保管制度进行完善。仓库保管人员不能仅仅对存货的数量做检查记录，还要对存货的质量、规格等项目做检查记录，以防存货不能达到公司的需求。还需要定期检查存货，以防存货变质、毁损、报废等情况的发生。

2. 调整内部控制制度

内部控制做得好是存货管理的重要保障。首先，企业领导层要加大对存货管理的重视程度，充分认知其在公司生产经营过程中的重要性，加大存货管理内部控制制度建设。其次，要制定不相容职务相分离的原则，确保各个岗位之间能够做到相互分离与相互制约。再次，要加大授权批准的力度，对授权批准相关的程序、手续、方法和措施进行明确阐述，不能超越权限范围办理授权批准。对于越权的审批，要及时向上级汇报。未经授权批准的人员不得进行存货业务的办理。最后，还需要进行定期的检查和时刻的监督。公司要设立专门的检查监督小组，对存货管理的整个流程进行严密的检查与监督，使内部控制行之有效。

存货管理对企业来说是非常重要的，有效的存货管理能够提高资金周转率、存货利用率，进而提高企业的经营效率和效力，增加企业的经济利益。本节对企业存货现存问题进行了分析，提出了解决建议与对策，有利于企业更好地进行存货管理，最终实现提高企业经济利益的目标。

第六节　短期融资融券的财务风险

融资融券作为证券信用交易中十分重要的一种业务形式，也成为国外证券市场较为普遍的一种交易制度，对于发挥证券市场的职能起着十分重要的作用。鉴于融资融券，尤其是短期融资融券拥有的杠杆效应和双面效应，以及做空机制，对于如何认识、预防和控制风险都是十分重要的课题。本节重点分析的是短期融资融券本身拥有的财务风险，以及如何规避这些风险。

一、短期融资融券的财务风险

（一）杠杆交易风险

融资融券同时又被称为一种杠杆式的投资工具，这也是一把锋利的"双刃剑"。对于企业而言，企业在把股票当作担保品开展融资的过程中，不仅要承担本身拥有的股票价格的不断变化给企业带来的风险，还需要承担企业对其他投资股票有可能带来的风险。此外，还需要支付一笔巨额利息。由于融资融券交易是十分复杂而又烦琐的系统工程，既有可能导致企业投资失误或者是操作不当，有可能面临巨额亏损。对于企业而言，一旦面临股价深跌的风险，投资者投入的巨额本金也可能一夜间化为乌有。

（二）强制平仓风险

我国《融资融券业务试点管理办法》第26条明确规定，证券公司需要实时计算企业提交担保物的价值及其欠下的债务占比。也就是说，如果企业的信用账户这一比例明显低于130%，则意味着证券公司将有可能会通知企业补足差额。但是如果此时企业并未按照要求进行补交，则证券公司是可以按照合同约定对其上交的担保物进行处理，也就是通常所说的强制平仓。很多时候，融资融券交易和期货交易模式是一样的，都需要企业在交易的过程中监控其上交的担保物占比情况，保证其能够满足基本的维持保证金占比。由于融资融券具有保证金可以持续支付这一特点，投资企业在融资买进阶段购买的股票在股票下跌过程中就容易面临极为严峻的"逼仓"现象。所以，融资融券交易会促使投资企业实施的行为变得短期化，而且市场博弈十分激烈，很难对投资企业进行管理。如果投资企业并未按照规定上交或者是补足担保物，又或者是到期末还有很多没有偿还的债务，将有可能被证券公司要求强制平仓，但是平仓获得的资金却需要优先用于偿还客户欠下的债务，剩下的资金才能真正进入客户的信用资金账户。对于企业而言，很难保证资金链的顺利流通，一旦发生资金链断裂，对企业将会造成致命的打击。

（三）流动性风险

由于融资融券这种交易方式大部分是短中线操作的，虽然这种交易方式能够有效地促进证券的流动性。但是，随着其流动性的不断提升，也会给企业带来极高的交易成本，而且交易成本最终会分摊到投资者身上。由于投资者还需要在完成交易之后上交融资利率，这对于投资者而言无疑增加了交易成本。再加上融资融券主要是针对个股，个股经常出现涨跌停或者是停牌的现象。因此，面对这种情形，卖券还款或者是融资购券都会面临阻碍，将有可能给企业带来更大的流动性风险，对于企业和投资者都是十分不利的。

（四）交易成本偏高风险

由于融资融券业务主要的交易成本构成是证券交易的佣金以及证券交易所收取的印花税和相关费用等交易成本，此外还有融资利息以及融券费用。从当前情况来看，首批试点的券商融资融券利率和费率分别是 7.86% 和 9.86%，这个标准和国际是一样的。但是单笔融资债务的期限最高是 6 个月。除此之外，投资者需要额外支付违约金和信用额度管理费等费用。只有当投资者获取的投资收益高出费率和利率才能真正实现获利，这种财务风险是非常高的。

（五）内幕交易风险

对于融资融券而言，极有可能面临严重的内幕交易风险。如果获得了利好或者是利空的消息，鉴于融资融券拥有的做空机制及杠杆原理，内幕交易人员大部分都会马上进行融资或者是融券，以期实现超额收益，进一步加剧整个证券市场的波动性，这种波动性带来的恶性影响是极大的，会给其他投资者带来极大的损失。

二、规避短期融资融券财务风险的措施

（一）加强专业知识的学习

投资者或者是投资企业都应该加强相关专业的知识学习，掌握更多的交易规则以及有关信息。对于投资者而言，其在实施融资融券交易之前，需要充分熟悉和融资融券有关的业务规则，尤其是应该关注和了解证券公司近期公布的和融资融券交易有关的信息，如担保品证券和折算率等等。

（二）不断提升交易和投资能力

对于投资者而言，一定要具有十分理性的认识，尤其是要控制好自身的投资风险，特别是在个股趋势和市场发展都极其不明朗的情况下切不可盲目投资，以免造成难以弥补的损失。对于普通的投资者而言，则需要在交易的过程中严格遵守国家法律法规，做到尽力而为、量力而行，不要把所有家当都一次性投入。在选择股票的过程中，还应该选择那些流动性好以及基本面宽的蓝筹股当作融资融券的标的。此外，还应该充分利用融资融券拥有的风险对冲以及相关的防范功能，做到稳定投资、稳定收益。

（三）合理利用杠杆比例

根据交易规则，融资融券交易利用财务杠杆放大了证券投资的盈亏比例（放大的比例与保证金比例和折算率有关系，即保证金比例越低，折算率越高，融资融券交易的财务杠杆也越高），客户在可能获得高收益的同时，造成的损失也可能越大。因此，投资者在进行融资融券交易前，应充分评估自身的风险承受能力，时刻关注担保比例指标，防范强制平仓风险。

投资者参与融资融券业务，可通过向证券公司提供一定比例的保证金，借入资金买入或借入证券卖出，扩大交易筹码，具有一定的财务杠杆效应。追加担保物与强制平仓风险，是融资融券交易区别于现有证券交易的最大风险，投资者在参与融资融券交易时应重点关注。

第四章 企业利润分配管理

第一节 利润分配概述

随着市场经济的高速发展，资本市场中的博弈越来越激烈，作为当今企业经营管理中不可忽视的部分，利润分配方式的选择显得越来越重要，合理利润分配方式的选择有利于公司的融资，为公司的下一步发展做好保障。利润分配的方式多种多样，不同的利润分配方式有着不同的影响，本节主要以股份有限公司的利润分配管理为例，以利润分配方式为中心探讨利润分配方式的影响以及如何选择合理的利润分配方式。

利润分配是股份有限公司经营管理中的重要一环，对公司的融资与扩张发展有着重要影响。选择合理的利润分配方式有利于吸引投资为公司的发展提供资金保障，而选择错误的利润分配方式不仅无法起到很好的融资效果，还会向市场传递出不利信息，从而对公司造成负面影响。以股份有限公司为例，其利润分配方式及其影响归纳如下：

一、利润分配方式

分配现金股利：作为使用最多最广泛的利润分配法，分配现金股利并不会改变公司的每股收益率，而是以直截了当的形式给予股东最直接的利益回馈，因而这种股利分配方式最能吸引投资者并使股东获得满足感。决定公司现金股利发放政策的因素主要是公司的盈利能力和决策层现金支付倾向。

派发股票股利：用发放股票的方式给股东分配利润。与分配现金股利不同的是，派发股票股利并不需要向股东发放现金，其股利发放来源主要分为当年可供分配利润和公积金两种。

回购公司发行在外股票：用支付现金的手段收回在市场中流通的公司的股票，将公司收益通过股票回购方式分配给股东，这种股利发放的形式对不同的股东能产生不同的影响。对于出售方来说，他们得到了现金补偿。发行在外的股份公司股票数量减少，股票的单位价值将会得到提升，因而对于未出售股票的股东来说，他们的预期收益将会提升，而购买方往往可以获得对公司更多的控制权。

股票分割：股票分割与股票股利有显著的区别，股票分割减少了公司发行在外的股票的面值并相应地增加股票的股数。

二、利润分配方式的影响

分配现金股利：现金股利的发放是直接向投资者发放现金分红，这种直截了当的利润分配方式为所有投资者所喜爱，合理地发放现金股利有利于公司取得投资者的信任，增强投资者的投资信心，从而树立公司良好的外在形象，稳定股票价格。此外，现金股利的发放减少了公司的现金流量，降低了企业的变现能力和支付能力。

派发股票股利。从股东角度来看：①本质上股票股利的发放只是成比例地增加股东的持股数，其他的要素并未改变，对股东并没有实质上的影响，股东的持股面额和持股比例均保持不变，只是对某些股东会造成心理上的积极暗示，提高公司在股东中的好感度。②股票股利的发放是公司管理层自信心的体现，股份数增多会拉低每股收益从而影响公司财务报表使用者对公司的印象，发放股票股利是公司未来效益走高的预兆，公司管理层相信未来获得的收益能足够提升每股收益，弥补股份数增多减少的每股收益，股东可以据此评估公司未来的经营状况，调整自己的投资计划。

从公司角度来看：①股票股利可以控制现金流出。在某些情况下，公司由于缺乏资金或是出于对公司未来的发展考虑，不适合采取发放现金股利的策略，此时发放股票股利将是一个明智的选择，在有效节约现金开支的同时对股东给予积极暗示，获得投资者的好感与认可。②股票股利可以控制股票价格。股票的价格是影响投资者投资的重要因素，通常情况下股票的价格与投资者的数量大体上成反比关系，股票价格升高固然会给公司带来融资额的增加，但因股票价格升高公司会失去一些潜在的投资者，尤其是中小投资者。这部分潜在投资额的减少往往会冲减股票价格升高给公司带来融资额的增加额。这时候，发放股票股利可有效地控制股票价格，使其处于合理范围，达到吸引更广泛投资者的目的。

回购公司发行在外股票。从股东角度来看：①股票回购为股东的投资提供参照。股份公司往往在股价较低的时期回购股票，股价低意味着该股发展潜力大，因而股票回购是一个投资参照，股东可以在这一时期考虑增加持股数量。②股票回购可以协调不同股东之间的利益。对于急需资金的股东可以通过股票回购的方式抛售所持股份，从而获得现金支持。对于公司内部的大股东而言，通过股票回购的方式一方面可以持有股票推迟纳税，另一方面可以吞并小股东增强自身对公司的控制力。③股票回购对购买方来说风险较大。持股数量与比例的增加无形中增加了风险,同时股票回购并不一定能促使股价上涨,股价的涨跌受多方面因素的影响,股票回购只是一种间接促使股价上涨的因素,属于众多影响因素中的一种。④股票回购会增加公司的法律风险。中小股东对公司的经营情况了解较少,无法及时准确地知悉公司未来的经营策略,因而很可能在公司宣布股票回购前出售股票,若公司没有及时地向投资者公布股票回购的计划,那么将很有可能被利益受损的股东起诉。

从公司角度来看:股票回购有利于优化公司的资本结构:股份公司可以将股票回购这一手段与负债筹资、出售资产等方式进行合理组合,以此达到优化公司资本结构的目的。股票回购可提高公司的凝聚力,增强大股东对公司的控制,减小公司被兼并的风险。股票回购不利于公司接受投资者投资,导致投资者数量与规模减小。股票回购存在处罚风险。相关部门会对公司的股票回购动机进行调查,如若调查结果显示公司的回购动机不纯,公司可能会面临严重的处罚。

股票分割:股票分割的优点在于增加股数减少股票面值后会获得价格优势,增强对投资者的吸引力。间接地,股票分割也会影响公司的股价,股票面值的减小会获得价格优势吸引更多的投资者投资,股票的流通性增强交易量增长,投资者的热衷会在短期内促进股价上涨。

三、公司对于利润分配方式的选择

公司在选择利润分配方式时,应该综合考虑各方利益,在各股东与管理者之间找到一个良好的平衡点,既要照顾到公司各方股东的利益也要为公司管理者的管理工作提供良好的支持,将不同的利润分配方式进行优化组合是维护公司持续经营与良性发展必不可少的手段。

那么想要选择出最优的利润分配方式就要充分了解各股东与公司经营管理者的需要:①对于公司的大股东尤其是控股股东而言,相比于获得股利他们更愿意得到的是对公司的长久控制权,股利的发放尤其是大额股利的发放会加重公司的经济负担,削减融资效果,为了获得额外的融资,公司可能会发行新股,新股的发行会降低大股东的持股比例,从而削弱大股东对公司的控制权。这损害了大股东的利益,因而对大股东而言尽量减少股利的发放符合他们的利益诉求。②对于中小股东而言,他们持股的最主要目的是为了获取投资收益,而对于公司良好经营状况的关注也常常是出于对自身收益减少的担忧,获得稳定的收益提升自身消费能力是中小股东的利益诉求,故而稳定的股利分配是吸引中小投资者投资的重要指标。③对于管理者而言,由于公司权责分离趋势越发明显,大部分的管理者持有的公司股份较少,股利发放会加重公司的经济负担不利于公司的经营管理,而管理者持有的公司股份少,股利发放并不能为他们带来可观的收益,所以公司管理者出于管理角度考虑倾向于尽量少地发放股利。

综上所述,利润分配涉及各方股东与管理者的利益诉求,合理的利润分配方式应该能够协调好各方利益促进公司的协调可持续发展,过多地发放股利会增加企业负担,过少发放股利会丧失对中小投资者的吸引不利于融资扩张,因而在公司发展的不同时期应权衡好各方利益分清主次,结合各利润分配方式的优缺点进行利润分配方式选择。

利润分配方式多种多样,不同的利润分配方式对股东与公司会产生不同的影响。不同股东以及公司管理者的利益诉求各不相同,对于是否发放股利以及选择何种股利分配方式的倾向也不尽相同,股利的分配应以公司大局为重权衡各方利益,结合公司的发展战略、发展阶段与市场环境选择适当的利润分配方式。

第二节 股利分配政策

股利,也就是企业根据股东所持股份对其进行净利润的分配。而股利政策则是企业关于是否发放股利、股利发放形式、股利发放时间等方面的策略与方针。在利润分配政策中,股利政策是其重要的构成环节,它直接决定了企业利润留存量及投资者回报,也是企业一项具有较强自主性的利润分配政策。在现代企业财务活动中,股利政策是其核心内容之一,具有多种基本类型,因而股利分配形式也是多样化的。

一、企业股利政策类型及股利分配形式

(一)企业股利政策类型

(1)持续增长或固定或稳定的股利政策,即一定时间内企业的每股股利额保持相对稳定,其股利支付率呈向上趋向。其特点为,企业在一定时间内不论是怎样的财务状况与盈利情况,所派发的股利金额都维持不变。只在今后盈利提高可使所派发股利额保持更高水平时,企业才会增加每股股利金额。这一政策能够建立公司形象,提高投资者对企业的信心,保持股价稳定,保持股利支付的有序性。同时,也有利于对现金流出量的预测,以便企业调配资金,安排财务。

(2)剩余股利政策,即企业所得盈余应先满足企业投资项目需求,若存在剩余利润,那么发放股利;反之,则不发放股利。财务管理部门一般按如下步骤进行股利支付:①

明确企业投资项目，筹资成本预测；②明确投资项目需要的资金额；③尽量以留存收益满足投资资金额；④满足投资之后若有利润剩余，那么发放现金股利。其特点为将公司股利分配视为筹资决策进行考虑，在投资时，只有资本成本低于预期投资收益时，企业才会以留存利润来融资投资方案。

（3）固定股利支付率政策，即企业把每年所获利润的固定百分比视为股利给投资者进行利润分配。而固定股利支付率越大，企业留存盈余则越少。其特点是每年股利支付金额因企业经营状况而上下波动，盈利低，股利则低；盈利高，股利则高，这导致股利支付具有很大波动性，稳定性低。而股利常常是衡量企业前景的重要信息，若股利波动较大，其所传递给市场的信息是企业前景不可靠、不明确，也给投资者留下不良印象，如企业的经营不稳定，有较大的投资风险。

（4）固定股利加额外股利政策，即企业提前预设一经常性的股利金额，通常情况下，企业根据这一金额来派发股利。当盈余与资金较多时，企业不但派发正常股利，还给股东发放额外股利。该政策不但汲取了稳定股利的一些优势，还结合企业具体实际来制定多种股利政策，从而让企业留有股利派发余地，在财务管理上也有很大弹性，为实现企业最大化财务目标奠定了基础。而该政策也有缺憾，稳定性也不高，额外股利随盈利的变化而不断改变。此外，在企业长时间派发额外股利后，投资者会误以为额外股利是正常股利，若突然取消额外股利，则易给投资者错觉，以为企业财务恶化，从而影响企业股票走势。

（二）企业股利分配形式

国外企业普遍施行股票分红与现金分红，并突出现金分红的股利政策。而我国企业股利支付形式则是各式各样的。不同股利支付形式因监管政策与要求而不断变动。根据股份规范意见，企业可采用股票股利与现金股利的分配形式。然而，在实际股利分配政策制定中，不少企业推出多种分配形式，主要有送股、公积金转增、派现、配股，抑或混合形式，如又转又配、又派又送等，形成了"配、转、送、派"等各式各样易让股东混淆的股利支付方式。其中，"派"即现金股利，就是通过现金方式来派发股利；股票股利即"红股"，指以本企业股票作为股利收入给股东分配。"转"就是公积金转增，即上市企业通过盈余公积或资本公积给投资者转增股份。从财务理论上看，公积金并不是未分配利润，所以从严格意义上看，公积金转增股本并非股利政策，而不管是理论界还是实务界都把送股与公积金转增同日而语。"配"也就是企业"配股"，其本质并不是股利分配，是企业的一种"分红"形式，主要针对企业老股东，按照其股权比例，通过比市场价低的股票价格予以选择，当前，这一配股政策在企业股利分配中比例已降低。

可见，企业股利政策类型是多种多样的，从财务理论基础上看，这缺少稳定性与连续性，会给企业股利政策的制定与实施带来随意性与盲目性，投资者也难以根据企业现有的股利政策来对股利变化进行正确判断。同时，企业的股利支付形式也是多样化的，但分配行为上也存在着不规范性。企业不分配现象具有普遍性，而为了实现配股融资这一目的，企业又派发股利，因而形成又配又派的奇怪现象。此外，不分配企业所占比例也大，其股利支付率也较低。

二、财务理论基础上企业股利分配政策的完善思考

（一）改革股权分置，健全股权结构

在企业财务管理中，如想完善管理，提高管理效率，应重视决策的科学与民主，做到企业内部利益机制制衡。这就需要构建独立的监督机制，促进监督权与管理权的分离，从而强化制约与监督。为了提高质量，企业会由自身形象的提升出发而保持股价稳定，从而制定稳定性较高的现金股利政策。从宏观角度来看，有利于维护资本市场的不断稳定，促进其健康发展。这是改革股权分置的主要目标，即稳定市场预期。从微观角度来看，这有利于巩固全体投资者的共同利益，完善企业管理，缩减企业重大事项所花费的决策成本，改善流通股与流通股投资者利益取向的不一致性状况；有利于企业管理结构的完善，实现企业资本运营机制的目标；有利于确定股东大会其法定职权，保证股东行使权利；促进董事会制度的完善，使其内部权力配置更为明确，完善董事会构建、任免及议事规则，加强董事责任，构建责任追究制度；有利于促进监事会职权的完善，保证独立行使监督权，保证有效监督；完善激励制度，构建科学、合理的薪酬体系；在增强独立董事的专业与独立标准，提高独立董事比例，增强独立董事监督权等方面具有一定的作用。

（二）均衡股利分配政策，保持股利政策稳定

在稳定企业股价，缩减企业今后融资成本中，均衡派现是一个有效的途径。企业应由内源入手，增强经营与管理能力，提高自身盈利水平，构建风险与防范意识，改革经营模式，提高企业核心竞争力，以为企业创造大量现金流，促进企业价值目标最优化。由上述企业股利政策类型上看，固定股利支付率政策把企业盈余与股利密切结合。而剩余股利政策有助于企业实现最优化的价值目标。从财务理论基础上及企业自身而言，股利分配政策实际上为一种企业行为。企业不管选取哪种类型的分配方式，都应保持其连续而稳定，具有可持续发展性，从而建立一种良好的企业形象，提高投资者对企业的信心，并吸引更多的潜在债权人或投资者。因此，我国需规范企业股利政策，保证其稳定性，

并要求企业预测今后的股利分配方案，保证预测方案与实际分配方案的一致性。

（三）完善监督机制，规范资本市场

股利分配政策规范化需要一个完善的法律环境，制定出维持股利政策稳定的相关规范与制度，同时构建公正价格体系，改革和完善证券市场制度。①基于企业定价机制，变革企业上市稀缺性，开放政府对企业的严管，提高有效供给，创新会计处理方式，引导企业树立正确、全面的股利分配观念。②完善揭示制度，强化监督管理。监管部门需要企业在有关报告中详尽地披露不分配的缘由；对申请配股的企业，要求降低配股中资金投向的随意性与盲目性，同时在配股方案中应详尽地披露与配股资金所投入项目相关的可行性研究报告，同时披露前年度的企业配股资金所使用状况报告；而对运用转增股本或者送股方式的企业，则应在报表内将企业各种股利相关情况加以详尽披露，包括资产情况、货币资金情况、前景机会，对转作股本中的那些未分配利润，披露其投资动向、用途方向、投资收益等。③订正原有相关证券法律，对初始权力进行重新界定，以保障市场主体公正公平竞争，保障投资者应有利益。

综上所述，在企业股利分配中，股利政策类型多种多样，股利分配形式也是各式各样。因此，从财务理论基础上看，企业若想抓好财务管理，应合理制定与有效实施股利分配政策，改革股权分置，健全股权结构，完善监督机制，规范资本市场，从而保证市场主体的公正、公平竞争，保证投资者的合理利益。

第三节　股票分割与股票回购

一、股票分割

严格地说，股票分割是指增加公司所发行的股票数量，同时对股价进行调整，使总市值保持不变的行为。股票分割行为只是增加了流通的股票数量，降低了股价，并没有现金流出，也未对公司的实际经营状况产生任何影响。有趣的是，看似没有实际意义的举动，为什么会频频发生？中国从建立股票市场以来，对此的相关研究还很鲜见。本节试图简要回顾一下国外关于这一话题的一些研究结果，以期对中国市场在这方面的研究有一定启发。

（一）信号假说

信号假说认为，管理者通过股票分割宣告向投资者传递关于公司现值和公司前景的

良好私人信息。因为经理与投资人之间存在着信息不对称，管理者占有更多的有关企业未来现金流量、投资机会和盈利前景等方面的私有信息，有动机把有利于企业的信息传递给投资人。这项决策是有成本的，价值低的企业模仿价值高的企业的成本很高，因此高品质公司会借股票分割传递公司正面的信号，而不必担心低品质公司的模仿。

法玛最早提出股票分割传递企业收益的信息。Lakonishok 和 Lev 发现进行股票分割的企业，收益在股票分割前已有很大的提高。如果股票分割决策的做出是基于经理所拥有的优质信息，即企业拆股前的收益增加是长期的，那么，股票分割宣告会导致投资人重新估价企业股票分割前的收益增长。罗斯等人提出企业的财务决策传递企业价值的观念。Grinblatt 等人提出股票分割行为可以引起分析师的注意，因而认为被低估的公司实施股票分割，以此来提高股价。Brennan and Copeland 认为，如果没有利好消息进行股票分割的成本很大的话，那么股票分割的行为本身就意味着利好消息的传递。佣金中的固定成本因素使得低价股票的每股交易成本上升。这种交易成本对股票价格的依赖，可以很好地解释股票分割行为是传递内部消息的一种方式。刘志勇以问卷调查辅以实地访查的方式针对股票股利发放的研究结果显示，传递公司对未来营运结果的预期及公司正在成长的信号是公司决定分割股票的动机之一。在投资者看来，股票分割往往是处于成长期的公司的行为，所以宣布股票分割可以传递给投资者一种"公司是处于成长期"的信号，这对公司来说毫无疑问是很有利的信息。一方面，可以借以提高投资者对被投资公司的信心；另一方面，在一定程度上还可以稳定甚至提高公司股票的价格。

（二）交易区间假说

不少学者的调查证据显示，信息不对称的交易区间假设能更合理地解释企业拆股的动因。在 Kent Baker 和 Gary Powell 的调查中，50.7% 的管理者认为，上市公司实施股票分割最主要的原因是把股价调整到一个较好的交易区间。

交易区间假说认为股票分割重新调整每股价格到最佳的价格区间。大多数情况下管理者相信存在股票价格的最佳价格区间。从理论上讲，股票最佳价格范围也是存在的。所说的"最佳"，就是指如果股票价格在这一范围内，那么，其价格收益比率以及公司价值就能达到最大化。

股票分割提供了一种降低股票市场价格的方式。当某股票价格过高时，许多中小投资者买不起该股票，这就使股票购买者减少，这时若通过股票分割，使每股市价随股数的增加而下降。这样股票的总价值并没有发生变化，但由于每股的市场价格有所降低，使更多的中小投资者能买得起，根据供求规律，将导致该种股票价格重新上涨，使该种股票的价格收益比率增大，从而使公司总价值增大。由此看来做出股票分割决定的时候，管理者更多地考虑小投资者，使分割后的股票对小投资者更有吸引力。高价格的股票有更多的市场限制。

最小价格变动幅度规律可以解释股价的"交易区间假说"。据调查研究，1943年至1994年间，美国纽约证券交易所的平均股价为32美元到33美元，50年间几乎没有改变，一个重要的原因在于一个固定的最小价格变动幅度控制了股票交易。公司管理者通过股票分割使最小价格变动幅度相对于股价对于机构投资者来说是最优的。

（三）改善股票的流动性

股票的流动性是指股票买卖活动的难易。管理者经常证明建立在改善流动性基础上的股票分割是合理的。Muscarella和Vestuypens研究发现，股票分割后交易行为增加，这一现象被他们当作股票分割改善流动性的证据。

改善股票的流动性可以说是调整股票价格到最佳的价格区间的深层次目的。在最佳的价格区间内，上市公司股票的流动性最好。支持股票分割后流动性上升的观点认为，由于股票分割导致小投资者对股票需求上升，使得股票流动性提高。Barker和Lamoureux等人支持上述观点，发现股票分割之后持股人数会上升。

公司之所以要对其股票进行分割，其主要目的在于能使本公司的股票成为社会公众乐意购买的对象。股票分割能够在较短的时间内使公司股票每股市价降低，买卖该股票所必需的资金量减少，使该股票在投资者之间容易买卖，并且可以使更多资金实力有限的潜在股东变成持股的股东。因此，股票价格太高，不利于股票的交易，而股票价格的下降则有助于股票交易。

不过，值得指出的是，关于股票分割改善股票流动性的观点，也有一些学者有不同的发现。例如，Copeland的报告指出，如果流动性是用交易量、佣金收入或买卖差价来衡量的话，市场流动性在股票分割后不仅没有提高，反而降低了。Lakonishok and Lev认为，较大的交易量仅出现在股票分隔之前，而股票分割之后的交易量与对照组中股票未分割公司相当。

事实上，上述3种解释并不相互矛盾。自从1969年Fama等人经典文献发表，信号假说和交易区间假说开始作为对股票分割的主要解释出现在财务文献中。如果管理者认为将股价调整到一定范围内有利于股票价格上升，但又担心如果以后股价降低到某个价格之下又会导致交易成本过高，那么是否进行股票分割就可以反映管理者对公司未来业绩的预期。因此，股票分割行为可以解释为体现管理者对公司未来乐观程度的信号。

近40年来，信息经济学发展迅速。我们有理由认为，信息不对称理论将在股票分割动机的研究中得到应用。事实上，在企业管理者与投资者之间存在不同程度的信息不对称，而股票分割正是管理者向投资者传递企业信息的手段。因此如何建立一个良好的股票分割信号市场，以保证经理发放的信息是可信的信息就显得尤为重要。根据美国证券市场的经验，进行拆股的企业都是好企业，这些企业在拆股之前已经经历了收益增加，那么为了建立一个可信的发信号市场，我们是不是也可以像要求进行配股的企业有一定的收益增长率一样，要求准备拆股的企业在前3年的收益增长幅度不低于一定的水平。这个要求并不过分，因为，美国股市的经验证据表明，拆股的企业在拆股前的4年内都曾经历过收益上升。对于这类问题，还有许多方面需要在以后的研究中解决。

二、股票回购

在较为成熟的资本市场上，股票回购多被用作公司资本运作、稳定股价、传递利好信号、调整股权结构等调整工具，这一点在金融危机背景下有较为明显的表现。在我国，上市公司进行股票回购的动因一般来说有以下几个层面：

（一）市场层面

上市公司进行股票回购最直接的影响即是二级市场上股票价格的提高。上市公司回购股票一方面降低了市场中流通股的份额，并提高了投资者对于每股盈利的期望值，进而引导市场做出积极反应，提升公司的股价。另一方面，上市公司以高于当前市价价格回购股票，传递出公司价值被低估的信号，以及公司未来盈利前景良好的信息，使得股价正向变化。

（二）公司经营层面

首先，上市公司可以通过负债的形式进行回购，提升债务资本的比例，在债务成本低于资本的收益时让财务杠杆发挥正面效应，优化财务杠杆，提高权益资本收益率。其次，财务杠杆的提升所带来的税盾效应有利于公司合理避税，股东也可将现金股利转化为买卖股票资本利得，同样达到合理避税的效果。再次，相较于发放现金股利，股票回购可大大提高公司财务灵活性，公司管理者可以充分地利用财务弹性，在宣布股票回购后，灵活选择在现金流合适的时机进行回购，确保公司财务灵活性。另外，根据现金流量假说，当存在闲置现金时，公司管理层可能因私利驱动进行次优项目的低效投资，公司通过股票回购可减少管理层自由支配现金，降低管理层掌握现金的代理成本。

（三）公司管理层面

首先，股权回购对公司管理最大的意义就在于加强控制，防止恶意并购。一方面可通过减少市场上流通股控制市场可掌握的权益资本所占比重，加强对公司的控制；另一方面利用回购形成股票溢价，提高恶意收购成本，筑成收购壁垒。其次，股票回购是为了应对实施股票期权计划和债转股的需要，消除稀释。最后，伴随着股票期权计划的兴起，回顾操作既可以提升管理层的持股比例，使其和股东的权益方向一致，又可以使股价上升令持股的管理层切实获益，起到激励管理层的作用。

第五章　企业财务管理

第一节　绿色财务管理

一、传统财务管理的弊端及引入绿色财务管理的必要性

当今社会是一个发展的社会，可持续发展理念已深入人心，因此，企业在进行自身的财务管理以及制定企业发展战略的时候，必须要考虑多方面的因素，如包括多种资源的自然环境，又如包含许多危机的社会环境。恶性循环会使整个国家、整个社会、整个世界为其短浅的目光付出严峻的代价。因而，我们必须走绿色财务管理之路，相对于绿色财务管理，传统的财务管理有以下缺点：

（1）传统模式下的企业财务管理，不能够准确地核算企业的经营成果，只能单纯地计算企业中的货币计量的经济效益，而无法将会计核算体系纳入企业管理中，无法将货币计量的环境资源优势转化为企业中的管理优势。

（2）传统模式下的财务管理，不利于企业对环境造成的污染及财务风险进行分析，传统的企业财务管理，没有办法准确核算企业经营环境，没有办法避免自然资源的匮乏造成的后果，没有办法改善生态环境的恶化模式，没有办法减缓竞争的加剧，没有办法遏制环境污染的发展，从而会加快企业生存及经营的不确定性，使得企业自身的财务管理出现体制上的差错。

（3）传统模式下的财务管理，不利于进行有效的财务决策。在这种模式下的财务管理，企业在进行经营的时候，大多是将资金投入到了高回报、重污染的重化工企业，不考虑对环境的污染，不顾环境破坏，因此这种模式下的企业管理，只会使经济的宏观恶性循环，将严重破坏环保问题，而这也将使企业遭受倒闭、被取缔等停产风险。

传统的财务管理在这几方面的弊端，充分说明了进行新的财务管理理念的重要性，也就是说，企业要改变，就有必要走绿色财务管理之路。

二、绿色财务管理的概念及主要内容

绿色财务管理，是指充分利用有限的资源来进行最大效益的社会效益化、环境保护化、企业盈利化，而绿色财务管理的目的，是为了在保持和改善生态环境的同时实现企业的价值最大化，使企业能够与社会和谐相处。绿色财务管理就是在传统财务管理的基础上考虑到环境保护这一层因素，主要有以下几个方面：

（一）绿色投资

由于企业的各种因素，所以需要引进绿色投资，而绿色投资，也需要我们对所需要投资的项目以及外在压力进行简单的调查研究，而这几点，则是研究的方向：第一，企业在对环境的保护上有没有切实按照国家制定的标准来进行，需要保证所投资的项目之中不能有与环境保护相违背的内容，这也正是绿色投资的前提。第二，提前考虑因环保措施而造成的费用支出。第三，提前考虑项目能否与国家政策响应而获得的优惠。第四，考虑能否投资相关联的项目机会成本。第五，考虑项目结束后是否拥有因环境问题而造成的环境影响的成本回收。第六，考虑因实施环保措施后对废弃物回收而省下的资金。

（二）绿色分配

绿色财务管理在股利上继承了传统财务管理理论的内容，同时又有着它的独特性存在。在支付股利时，需要先按一定比例来支付绿色资金不足的绿色公益金以及绿色股股利。绿色公益金的提取，相当于从内部筹集绿色支出不足部分的资金，而这一过程与企业进行公益金提取的过程相似，但区分不同企业规模，绿色公益金的提取，不仅需要企业处于盈利状态，还需要确保有一定的余额，而且不得随意挪用，绿色公益金只能做绿色资金不足部分的支出。绿色股股利的支付与普通股一致，但不同的是，如果企业无盈利且盈余公积金弥补亏损后仍无法支付股利，就可以用绿色公益金支付一定数量的绿色股股利，但不能支付普通股股利，这一方式，也是为了维护企业在资源环境方面的声望。

三、绿色财务管理理念的理论基础

（一）绿色管理理论的起源与发展

发达国家于1950年左右提出绿色思想，生态农业由此兴起，随着时代的推移、战争的干扰、经济的全球化，发达国家对环境的污染也日渐严重，而绿色思想也在人们的心里扎根，20世纪90年代，全球兴起了一股绿色思潮，绿色管理思想也由此出现。

（二）绿色会计理论

这几年来，自然社会的急剧变化，使得人们将目光逐渐聚焦于环境与可持续发展中。会计领域的人们也积极探索会计与环境相结合，提出了绿色会计理论。这一领域的很多会计师也对绿色会计理论提出了许多新的观点，在各个方面都提出了大量有益的探索，从而使绿色会计的研究越来越深，越来越具有操作性。对绿色会计活动的确认、计量、披露，都是为了给信息使用者进行服务的，尤其是在为企业的决策者提供信息方面。大量会计领域的专业人员对绿色会计进行研究，也促使满足绿色会计这一理论的企业能够进行正确的筹资、投资以及决策，也就使绿色财务管理得以出现。

四、绿色财务管理在应用中的注意事项

绿色财务管理理论是适应人类社会资源环保保护潮流的理论，是对传统财务管理理论的挑战与发展，而绿色财务管理理论要想在这个社会中应用到企业中，就需要做到以下几点：

（一）企业要兼顾资源环境与生态环境的平衡

当今社会随着绿色消费的出现，消费者的绿色消费观也在逐渐增强，而企业要想在这个社会中立足，就需要将资源环境问题代入企业管理中，以绿色财务管理理论作为指导依据，尽量开展绿色经营模式，以此提高企业的经济效益与社会效益。

（二）增强员工素质

企业员工的素质也是影响绿色财务管理能否正常实施的一大因素，因此，企业员工，特别是财务人员，应当利用社会生态资源，利用生态环境，通过资源整合来提高资源环保意识，加快传统模式下的财务管理理论向绿色财务管理理论的转变，通过提高员工素质增强财务管理工作。

（三）使得会计领域与绿色财务管理理论相适应

想要做到这点，需要我们增设会计科目，如绿色成本、绿色公益金等绿色概念，从而使绿色财务管理得到完美的应用；需要我们对会计报表进行改革，增设在企业对环境保护及改善等方面的设定指标，从而使企业能够清楚自己在哪方面如何做可以提高对环境的优化，不会像无头苍蝇一样到处乱撞。

综上所述，我国的绿色财务管理理论还处于一个新理论的萌芽阶段，但可以随着世界环保呼声的增强而不断得以完善，不断得以进步，从而在指导企业经营、提升企业经济效益及社会效益中起的作用越来越大。

第二节 财务管理与人工智能

与企业资本有关的管理活动——财务管理成为企业家最关心的问题。财务管理就是通过处理可靠的财务数据信息为企业制定发展战略提供依据,但是当今时代信息爆炸,财务数据规模庞大繁杂,为了简化流程、降低成本,20世纪中期兴起了人工智能技术,极大地提高了管理效率。然而,人工智能技术在处理财务信息的过程中利用固定的模型与公式,处于多变环境中的企业经常遇到常规难以处理的数据信息,这种情况下人工智能的弊端逐渐显露出来。如何处理财务管理与人工智能的关系成为管理界的一个新课题。本节就财务管理和人工智能的基本理论做了相关介绍,并探讨了财务管理与人工智能的关系,最后提出了处理财务管理与人工智能二者关系的相应措施。

一个企业经营得是否长久、赚取的利润是否丰厚,主要在于企业的战略制定和决策预测。制定出合适的战略,企业也就抓住了全局和方向,然后再通过战术或者经营决策进行当下的日常经营。根据战略制定的步骤,我们知道,要想制定出适合企业发展的战略,最关键的一步就是找出拟订方案的依据。拟订方案的依据具体通过企业的财务管理提供。财务管理的主要职能就是分析企业的财务报表和相关的数据,为企业的筹资、投资和资金营运提供决策的依据。在财务管理活动中,需要很多的公式进行运算,甚至某一个特定的常见情况也具备了固定的计算模型。企业的规模不断增大,来自企业营运活动和会计方面的信息越来越多。20世纪中叶,计算机技术正在蓬勃发展,企业的管理者为了减轻财务管理方面的负担,降低成本,提高财务信息处理的准确性,开始尝试着将人工智能技术引入企业的财务管理领域。这种创举在人工智能技术的引入初期的确给企业带来了极大的便利,增加了利润,提高了财务管理的效率。但随着社会的发展,尤其是我国加入WTO之后,国内企业面临的经济环境瞬息万变,不但需要处理的财务信息进一步增多,还出现了很多常规方法难以分析出合理结果的情况。

一、财务管理的理论基础

简单来说,财务管理就是企业运用相关的财务理论知识处理和分析财务报表以及其他的财务信息,最终得出企业经营状况的管理活动。关于企业资本的营运和投资正是财务管理的重要内容,企业在进行筹资决策、投资决策以及营运资本和股利分配决策时,所依据的重要信息就是通过财务管理人员的计算与分析得出的。财务管理的发展也一直在与时俱进，共经历了3个阶段，即企业利润最大化、每股收益最大化和股东财富最大化。每个财务管理的目标都符合时代的发展需要，也适应了企业经营者的经营目标。财务管理最早出现的时候，企业经营的目的就是赚取丰厚的利润，为了适应企业的发展需要，也为了发挥出财务管理的作用，就把企业的利润最大化作为目标。随着时代的发展，企业的规模越来越大，出现了上市公司，在上市公司内部，对于经营至关重要的是筹集足够的资金，即能够满足股东的需要。很多小股民只关心自己在企业投资的收益，至于企业每年的利润以及经营情况则是无关紧要的。为了满足股民的心理需要和现实需要、筹集到资金，企业就想方设法地提高股民的收益，财务管理的目标也就变为每股收益最大化。大多数企业满足不了短时间内股民的巨大收益，对此，企业的经营可能不惜牺牲经营时间来换取股民收益，但在实务中，一年赚取一定数额的收益和两年赚取相同数额的收益显然是不一样的。因为货币包含时间价值，所以，企业财务管理的目标发展到目前的阶段，即股东的财富最大化。财务管理的最终目的就是通过分析数据得出恰当的决策，再通过合理的决策，最大化地增加企业价值。

二、人工智能相关介绍

人工智能技术的概念最早在20世纪中叶提出，20世纪末至今是人工智能技术应用的时期。人工智能技术指的是在计算机技术的基础之上，通过模拟人类某个领域专家进行解题的方式，使企业的经营决策智能化，实质就是模拟人类的思维活动。企业的财务管理是分析财务报表、得出有效信息、进行决策的过程，企业的财务人员在分析财务信息时，总会借助固定的财务公式，使用固定的财务模式解决日常经营的难题。基于这样的现实情况，具有计算机技术和财务管理专业知识的研究人员为了降低成本、提高效率，尝试着将财务管理的某些模式与公式存储在计算机系统中，这样就可以把财务报表的信息输入计算机，通过之前存储在内部的计算模式进行报表信息的运算，从而得出相应的结果，这就是专家系统。与传统的财务管理相比，人工智能技术的引入解决了某些财务上的复杂运算以及数据分析的过程。人工智能技术在财务管理上的作用不仅仅是收集和整理数据，更重要的是通过学习新的专业知识，并将知识运用到实际运算中，得出合理的结果，做出客观的判断。人工智能技术包含很多复杂的计算程序，凡是输入的数据，进入程序的运行之后就可以得出与实际手工运算一样准确的结果。所以，在人工智能技术下，财务人员的工作由原来的大量计算转变为数据的输入与结果的记录与汇报。过去的信息系统只能将数据输入，并运行非常简单的分类和加总程序生成财务报表，而当今的人工智能可以运行复杂程序并得出客观的结果，甚至可以分析数据之间的相关与回归关系。

三、财务管理与人工智能的关系

今天已经进入大数据时代，传统的手工计算分析已经跟不上时代的潮流，企业的财务管理不能闭门造车，需要应用人工智能技术提高工作效率，帮助企业提供决策依据，发现事物和现象之间的内在联系，人工智能技术同样需要与时俱进，根据企业的需要和管理的发展，不断补充新的程序，继续开发新的技术。总之，二者是相辅相成、互相完善的关系，财务管理使用人工智能是为了更加方便快捷，人工智能也需要通过服务财务管理找出不足，通过逐渐的完善达到降低成本的目的。

四、处理财务管理与人工智能关系的措施

上文提到了财务管理与人工智能的关系，企业的发展离不开人工智能，但是企业的财务管理又不能完全依赖人工智能技术。处理财务管理与人工智能关系的措施如下：

（一）提高财务管理人员的专业素养和水平

员工是财务管理工作的执行者，也是整个财务工作的推进者，财务管理人员的综合素质关系整个财务管理工作的效率和质量。只有提高相关人员的专业素质，才有助于识别财务工作中的重点问题和复杂问题，有能力判断哪些问题需要慎重对待、哪些问题需要借助人工智能技术解决等。

（二）与时俱进地引入人工智能技术

人工智能是基于计算机技术发展而来的，人工智能技术的发展将会非常迅速，企业应该及时关注人工智能技术的更新换代，及时更新财务管理部门的相关技术，保证财务管理活动始终在最前沿的人工智能技术下进行，这样才有助于企业整个财务管理活动的与时俱进。企业通过人工智能技术的更新推动整个财务管理工作的进程。

（三）成立专门的人工智能与手工操作分工小组

财务管理工作复杂繁多，如前文所述，人工智能技术不能承担企业所有的财务管理活动，只能有选择地辅助财务人员进行决策与分析。对于复杂的财务工作，到底哪些工作需要由财务人员手工完成、哪些工作需要借助人工智能技术来解决，这需要一个合理的分配。对此，企业可以成立专门的分工小组对财务管理中的工作进行适当的识别与分配，保证财务管理的有序进行。

人工智能技术是信息技术的重要方面，也是时代发展的标志，它的出现解决了财务管理很多烦琐的问题，企业的财务工作应该运用人工智能技术，通过人工智能技术，提高企业的管理效率，为企业的持续发展提供更加准确的策略，实现财务管理的目标。

第三节 财务管理的权变思考

权变是权宜机变,机变是因时、因地、因人、因势变通之法。"权变"一词最早见于《史记》,其中记载了古代纵横家、商家的权变思维。最早运用权变思想研究管理问题的是英国学者伯恩斯和斯托克。权变理论认为环境条件、管理对象和管理目标三者之任何一者发生变化,管理手段和方式都应随之发生变化。权变理论的特点是:开放系统的观念、实践研究导向、多变量的方法。

一、财务管理的权变分析

理财活动作为一种实践与人类生产活动同样有着悠久的历史,但现代意义上的财务管理作为一门独立学科只有近百年的历史。财务活动能否成功,很大程度上取决于对环境的认识深度和广度。下面将从权变的角度分析各时期财务管理的特点。

(一)筹资管理理财时期

20 世纪初,西方一些国家经济持续繁荣,股份公司迅速发展,许多公司都面临着如何为扩大企业生产经营规模和加速企业发展筹措所需资金的问题。在此阶段中财务环境、理财对象影响着财务管理活动,财务管理主要是预测公司资金的需要量和筹集公司所需要的资金。

(二)破产清偿理财时期

20 世纪 30 年代,西方发生了经济危机,经济大萧条,许多企业纷纷破产倒闭,众多小公司被大公司兼并。这一阶段中,由于受外界环境影响,财务管理重点发生转移,主要是企业破产、清偿和合并及对公司偿债能力的管理。

(三)资产管理理财时期

第二次世界大战以后,世界政治经济进入相对稳定时期,各国都致力于发展本国经济。随着科学技术迅速发展、市场竞争日益激烈,企业要维持的生存和发展必须注重资金的日常周转和企业内部的控制管理。在这一时期,计算机技术首次应用于财务分析和规划,计量模型也被逐渐应用于存货、应收账款等项目管理中,财务分析、财务计划、财务控制等也得到了广泛的应用。在这一阶段中,很显然财务管理的重点受经济发展的影响又一次发生改变,且财务研究方法、手段的改进加速了财务理论的发展。

（四）资本结构、投资组合理财时期

到了 20 世纪 60 年代至 70 年代，随着经济的发展、公司规模的扩大，公司组织形式及运作方式也发生了变化，资本结构和投资组合的优化成为这一时期财务管理的核心问题。此时，统计学和运筹学优化理论等数学方法引入财务理论研究中，丰富了财务理论研究的方法。这一时期形成的"资产组合理论""资本资产定价模型"和"期权定价理论"等理论形成了近代财务管理学的主要理论框架。

综上所述，可以得出以下结论：①随着财务环境的变化，财务管理的重心都会有所变化；②研究方法的改进也会促进财务管理的发展，特别是信息技术、数学、运筹学、统计学等在财务上的应用，使财务管理研究从定性发展到定量，更具操作性；③随着经济的发展，传统的财务管理对象不断补充着新的内容，从开始的股票、债券到金融工具及其衍生品等随着知识经济发展仍在变化着。

二、权变中的财务管理

随着时代的变迁，财务管理不断丰富发展。财务管理目标的实现是许多因素综合作用并相互影响的结果。通过上面的分析，笔者用下面的函数式表达出财务环境、财务目标、财务对象及财务方法、手段间的关系。

财务管理目标 = $\Sigma f($ 财务环境、财务对象、财务方法及手段 $)$

通常情况下财务目标不会发生太大的变化，现在普遍接受的财务目标是企业价值最大化。一旦财务目标发生变化，则财务环境、财务对象及财务管理方式、手段三者至少有一个变量发生变化。财务目标一定的情况下，由公式可得出：

（1）当财务目标一定、财务管理对象不变的情况下，一旦财务环境发生变化，原来条件下的财务管理方式手段不能适应新的环境条件，因而财务管理的手段和方式应发生变化。从各时期发展财务管理的发展，可以看出随着历史发展、环境的改变，财务管理的重心也在不断变化着。我们通过前面所描述的通货膨胀时期的财务管理可以明显地看出，通货膨胀时，原来的方法无法解决通货膨胀所带来的问题，所以必须改变管理方法及手段以适应管理需要，达到企业理财的目标。

（2）在财务目标一定、财务环境一定的情况下，当财务对象发生新的变化时管理方式和手段应随对象的变化而变化。如网上银行和"电子货币"的盛行，使资本流动更快捷，资本决策可以瞬间完成，企业势必改变传统的财务管理方法以适应经济的快速发展。

（3）在财务目标一定、财务环境不变的情况下，财务管理方法手段的变化会引起财务管理对象的变化。由于数学、计算机的应用使财务管理手段更加先进，才能出现众多

的理论模型,如资本资产定价模型、投资组合模型。

以上分析、推断可表明财务管理活动本身是权变的过程。

三、对策

权变理论认为,在企业管理中应依据不同的环境和管理对象而相应地选择不同的管理手段和方式,在管理中并不存在适用于一切组织的管理模式。企业财务管理面临权变境地,应因权而变,要提高整个企业的财务管理水平,需从多方面综合分析入手。

(一)加强财务管理为中心

加强企业财务管理,提高财务管理水平,对增强企业核心竞争力具有十分重要的作用。企业必须以财务管理为中心,其他各项管理都要服从于财务管理目标,不能各自为政。企业在进行财务决策时要识别各种风险,采用一定的方法,权衡得失,选择最佳方案;必要时企业要聘请财务专家为企业量身定做财务预测、财务计划、财务预算等工作。只有知变、通变,掌握变化之道,才能使各个环节渠道畅通,提高财务管理效率,才能提高企业整体管理水平,才有可能在激烈的国际竞争中生存并发展下去。

(二)转变政府角色,改善理财环境

为适应经济发展,政府应转变角色,从领导者角色转向服务者,为企业的发展创造良好的政治、经济、政策、法律等宏观环境。

(三)大力发展财务管理教育与研究,提高企业的财务管理水平

加快高校财务管理专业的改革及发展,培养大批高素质财务管理专业人才。同时加强对在职财务人员的继续教育,提高财务人员的整体素质。借鉴国际先进管理经验,结合实际加快财务管理理论研究,坚持理论与实践的结合,推进财务管理理论建设,为企业进行财务管理改革提供更多的科学的理论依据,从而提高我国企业财务管理整体水平。

第四节 基于企业税收筹划的财务管理

随着我国经济的不断深化发展,企业面临着越来越多来自国内外的挑战,企业必须不断地通过各种途径来提高自身竞争能力。企业进行税收筹划活动对提高财务管理水平、提高市场竞争力具有现实的意义。税收筹划是一种理财行为,属于纳税人的财务管理活动,又为财务管理赋予了新的内容;税收筹划是一种前期策划行为;税收筹划是一种合法行为。纳税人在实施税收筹划时,应注意以下几个问题:企业利益最优化;税收筹划的不确定性;税收筹划的联动性和经济性。

一、税收筹划的定义及特征

税收筹划是指纳税人在符合国家法律及税收法规的前提下，按照税收政策法规的导向，事前选择税收利益最大化的纳税方案处理自己的生产、经营和投资、理财活动的一种企业筹划行为。税收筹划具有以下特征：

（一）税收筹划是一种理财行为，赋予企业的财务管理新的内容

传统的财务管理研究中，主要注重分析所得税对现金流量的影响。如纳税人在进行项目投资时，投资收益要在税后的基础上衡量，在项目研究和开发时，考虑相关的税收减免，这将减少研究和开发项目上的税收支出，而这些增量现金流量可能会使原本不赢利的项目变得有利可图。在现实的经济生活中，企业的经营活动会涉及多个税种，所得税仅为其中的一个。税收筹划正是以企业的涉税活动为研究对象，研究范围涉及企业生产经营、财务管理和税收缴纳等各方面，与财务预测、财务决策、财务预算和财务分析环节密切相关。这就要求企业要充分考虑纳税的影响，根据自身的实际经营情况，对经营活动和财务活动统筹安排，以获得财务收益。

（二）税收筹划是一种前期策划行为

现实经济生活中，政府通过税种的设置、课税对象的选择、税目和税率的确定以及课税环节的规定来体现其宏观经济政策，同时通过税收优惠政策，引导投资者或消费者采取符合政策导向的行为，税收的政策导向使纳税人在不同行业、不同纳税期间和不同地区之间存在税负差别。由于企业投资、经营、核算活动是多方面的，纳税人和纳税对象性质不同，其涉及的税收待遇也不同，这为纳税人对其经营、投资和理财活动等纳税事项进行前期策划提供了现实基础。税收筹划促使企业根据实际生产经营活动情况权衡选择，将税负控制在合理水平。若企业的涉税活动已经发生，纳税义务也就随之确定，企业必须依法纳税，即纳税具有相对的滞后性，这样税收筹划便无从谈起。从这个意义上讲，税收筹划是以经济预测为基础，对企业决策项目的不同涉税方案进行分析和决策，为企业的决策项目提供决策依据的经济行为。

（三）税收筹划是一种合法行为

合法性是进行税收筹划的前提，在此应注意避税和税收筹划的区别。单从经济结果来看，两者都对企业有利，都是在不违反税收法规的前提下采取的目标明确的经济行为，都能为企业带来一定的财务利益。但它们策划的方式和侧重点却存在本质的差别：避税是纳税人根据自身行业特点利用税收制度和征管手段中的一些尚未完善的条款，有意识

地从事此方面的经营活动达到少交税款的目的，侧重于采取针对性的经营活动；税收筹划是纳税人以税法为导向，对生产经营活动和财务活动进行筹划，侧重于挖掘企业自身的因素而对经营活动和财务活动进行的筹划活动。避税是一种短期行为，只注重企业当期的经济利益，随着税收制度的完善和征管手段的提高，将会被限制在很小的范围；而税收筹划则是企业的一种中长期决策，兼顾当期利益和长期利益，符合企业发展的长期利益，具有更加积极的因素。从这方面看，税收筹划是一种积极的理财行为。

企业作为市场竞争的主体，具有独立的经济利益，在顺应国家产业政策引导和依法经营的前提下，应从维护自身整体经济利益出发，谋求长远发展。税收作为国家参与经济分配的重要形式，其实质是对纳税人经营成果的无偿占有。对于企业而言，缴纳税金表现为企业资金的流出，抵减了企业的经济利益。税收筹划决定了企业纳税时可以采用合法方式通过挖掘自身的因素实现更高的经济效益。这样企业在竞争中进行税收筹划活动便显得极为必要。

二、企业财务管理活动中进行税收筹划得以实现的前提条件

（1）税收政策。税收法律法规的许多优惠政策为企业进行税收筹划提供了可能，但是，税收政策的轻微变化肯定会影响税收筹划能否成功。目前，在经济全球一体化的大背景下，各国为了吸引资本和技术的流入，都在利用税收对经济的杠杆作用，不断调整税收政策，即税收筹划方案不是一成不变的，它会随着影响因素的变化而变化，所以在进行税收筹划时应不断地了解税收方面的最新动态，不断完善筹划方案，使筹划方案更符合企业的需要。目前，我国实施了《行政许可法》，使得税务部门对纳税人有关涉税事项由事前审批变为事后检查，给企业在会计政策的选择上更多的选择权，为税收筹划创造了更大的空间。

（2）企业的发展战略。企业在制定发展战略时，必然会考虑宏观的环境和自身经营情况，宏观的环境包括各地区的税收政策，但税收政策并不总是有利于企业的经营战略。所以，企业在权衡利弊以后制定出的发展战略则更需要通过税收筹划来尽量减少各种不利的影响。

三、税收筹划在财务管理中的应用

税收筹划涉及企业与税收有关的全部经济活动，在财务管理中税收筹划分析的角度有很多，在此仅对税收筹划应用结果的表现形式进行简要的分析。

(一)通过延期纳税,实现财务利益

资金的时间价值是财务管理中必须考虑的重要因素,而延期纳税直接体现了资金的时间价值。假定不考虑通货膨胀的因素,企业的经营环境未发生较大变化,在某些环节中,在较长的一段经营时期内交纳的税款总额不变,只是由于适用会计政策的不同,各期交纳税款不同。根据会计准则和会计制度的规定,企业采用的会计政策在前后各期保持一致,不得随意改变。如存货成本确定和提取折旧等对企业所得税的影响,从理论上讲,购置存货时所确定的成本应当随该项存货的耗用或销售而结转,由于会计核算中采用了存货流转的假设,在期末存货和发出存货之间分配成本,存货计价方法不同,对企业财务状况、盈亏情况会产生不同的影响,进而对当期的企业所得税有一定的影响。折旧提取与此类似,采用不同的折旧提取方法各期提取折旧的数额不同,对当期的企业所得税的数额有不同的影响。但从较长时期来看,企业多批存货全部耗用和固定资产在整个使用期限结束后,对企业这一期间的利润总额和所得税款总额并没有影响。税收筹划起到了延期纳税的作用,相当于得到了政府的一笔无息贷款,实现了相应的财务利益。另外,纳税人拥有延期纳税权,可直接利用延期纳税获得财务利益。企业在遇到一些未预见的事项或其他事件时如预见到可能出现财务困难局面时,可以依据税收征管法提前办理延期纳税的事项,甚至可以考虑在适当的期间内以交纳税收滞纳金为代价的税款延期交纳以解企业的燃眉之急,为企业赢得有利的局面和时间,来缓解当前财务困难的情况。

(二)优化企业税负,实现财务利益

一是对从事享有税收优惠的经营活动或对一些纳税"界点"进行控制,直接实现财务利益。如税法规定企业对研究开发新产品、新技术、新工艺所发生开发费用比上年实际发生数增长达到10%(含10%)以上(此处10%即是一个界点),其当年发生的技术开发费除按规定可以据实列支外,年终经主管税务机关审核批准后,可再按其实际发生额的50%直接抵扣当年的应纳税所得额,增长额未达到10%以上的,不得抵扣。企业的相关费用如接近这一界点,应在财务能力许可的情况下,加大"三新费用"的投资,达到或超过10%这一界点,以获取财务利益。这方面的例子很多,不再一一列举。

二是对经营、投资和财务活动进行筹划,间接获得相应的财务利益。如企业的融资决策,其融资渠道包括借入资金和权益资金两种。无论从何种渠道获取资金,企业都要付出一定的资金成本。两者资金成本率、面临的风险和享有的权益都不同,其资金成本的列支方法也不同,将直接影响企业当期的现金流量。

四、应注意的几个问题

税收筹划作为一种财务管理活动，在对企业的经济行为加以规范的基础上，经过精心的策划，使整个企业的经营、投资行为合理合法，财务活动健康有序。由于经济活动的多样性和复杂性，企业应立足于企业内部和外部的现实情况，策划适合自己的筹划方案。

（一）企业的利益最优化

税收筹划是为了获得相关的财务利益，使企业的经济利益最优化。从结果看，一般表现为降低了企业的税负或减少了税款交纳额。因而很多人认为税收筹划就是为了少交税或降低税负。笔者认为这些都是对税收筹划认识的"误区"。应当注意的是，税负高低只是一项财务指标，是税收筹划中考虑的重要内容，税收筹划作为一项中长期的财务决策，制定时要做到兼顾当期利益和长期利益，在某一经营期间内，交税最少、税负最低的业务组合不一定对企业发展最有利。税收筹划必须充分考虑现实的财务环境和企业的发展目标及发展策略，运用各种财务模型对各种纳税事项进行选择和组合，有效配置企业的资金和资源，最终获取税负与财务收益的最优化配比。

（二）税收筹划的不确定性

企业的税收筹划是一项复杂的前期策划和财务测算活动。要求企业根据自身的实际情况，对经营、投资、理财活动进行事先安排和策划，进而对一些经济活动进行合理的控制，但这些活动有的还未实际发生，企业主要依靠以往的统计资料作为预测和策划的基础和依据，建立相关的财务模型，在建立模型时一般也只能考虑一些主要因素，而对其他因素采用简化的原则或是忽略不计，筹划结果往往是一个估算的范围。而经济环境和其他因素的变化，也使税收筹划具有一些不确定因素。因此，企业在进行税收筹划时，应注重收集相关的信息，减少不确定因素的影响，据此编制可行的纳税方案，选择最合理的方案实施，并对实施过程中出现的各种情况进行相应的分析，使税收筹划的方案更加科学和完善。

（三）税收筹划的联动性和经济性

在财务管理中，企业的项目决策可能会与几个税种相关联，各税种对财务的影响彼此相关，不能只注重某一纳税环节中个别税种的税负高低，而要着眼于整体税负的轻重，针对各税种和企业的现实情况综合考虑，对涉及的各税种进行相关的统筹，力争取得最佳的财务收益。但这并不意味着企业不考虑理财成本，对经营期间涉及的所有税种不分主次，都详细地分析和筹划。一般而言，对企业财务活动有较大影响且可筹划性较高的税种如流转税类、所得税类和关税等；而对于其他税种，如房产税、车船使用税、契税等财产和行为税类，筹划效果可能并不明显。但从事不同行业的企业，所涉及的税种对财务的影响也不尽相同，企业进行税收筹划时，要根据实际的经营现实和项目决策的性质，对企业财务状况有较大影响的税种可考虑其关联性，进行精心筹划，其他税种只需正确计算缴纳即可，使税收筹划符合经济性原则。

随着市场经济体制的不断完善，企业必须提高竞争能力以迎接来自国内、国际市场两方面的挑战。财务管理活动作为现代企业制度重要构成部分，在企业的生存、发展和获利方面将发挥越来越重要的作用。税收筹划树立了一种积极的理财意识，对于一个有发展前景和潜力的企业，这种积极的理财意识无疑更加符合企业的长期利益。

第五节 区块链技术与财务审计

传统会计的工作方式和会计概念体系由于区块链可以针对交易创建一个分布式数据库。在这一分布式账簿体系中，所有交易的参与者都能将交易数据存储为一份相同的文件，可以对其进行实时访问和查看。对于资金支付业务来说，这种做法影响巨大，可以在确保安全性和时效性的基础上分享信息。区块链的概念对财务和审计有着深远影响。随着财务会计的产生和发展，企业财务关系日益复杂化，特别是工业革命兴起，手工作坊被工厂代替，日益需要核算成本并进行成本分析，财务管理目标从利润最大化发展到股东权益最大化。进入信息时代以来，互联网技术日益发展，企业交易日益网络化，产生大量共享数据，人们开发了企业资源计划的会计电算化软件和基于客户关系的会计软件，传统企业进行业务交易，为了保证客观可信，通过各种纸质会计凭证反映企业间经济关系的真实性。在互联网时代，企业进行业务往来可以通过区块链系统实现两个节点数据共享，以云计算、大数据为代表的互联网前沿技术日益成熟，传统财务管理以成本、利润中心分析模式被基于区块链无中心财务分析替代。由此可见，区块链技术的应用对财务、审计发展的影响是极为深远的。

一、区块链的概念与特征

所谓区块链就是一个基于网络的分布处理数据库，企业交易数据分散存储于全球各地，如何才能实现数据相互链接，这就需要相互访问的信任作为基础，区块链通过基于物理的数据链路将分散在不同地方的数据联合起来，各区块数据相互调用其他区块数据并不需要一个作为中心的数据处理系统，它们可通过链路实现数据互链，削减现有信任成本、提高数据访问速率。区块链是互联网时代的一种分布式记账方式，其主要特征有以下几点：

（一）没在数据管理中心

区块链能将储存在全球范围内各个节点的数据通过数据链路互联，每个节点交易数据能遵循链路规则实现访问，该规则基于密码算法而不是管理中心发放访问信用，每笔交易数据由网络内用户互相审批，所以不需要一个第三方中介机构进行信任背书。对任一节点攻击，不能使其他链路受影响。而在传统的中心化网络中，对一个中心节点实行有效攻击即可破坏整个系统。

（二）无须中心认证

区块链通过链路规则，运用哈希算法，不需要传统权威机构的认证。每笔交易数据由网络内用户相互给予信用，随着网络节点数增加，系统受攻击的可能性呈几何级数下降。在区块链网络中，参与人不需要对任何人信任，只需相互信任，随着节点增加，系统的安全性反而增加。

（三）无法确定重点攻击目标

区块链采取单向哈希算法，由于网络节点众多，又没中心，很难找到攻击靶子，不能入侵篡改区块链内数据信息，一旦入侵篡改区块链内数据信息，该节点就被其他节点排斥，从而保证数据安全，由于攻击节点太多，无法确定攻击目标。

（四）无须第三方支付

区块链技术产生后，各交易对象之间交易后，进行货款支付更安全，无须第三方支付就能实现交易，从而解决了由第三方支付带来的双向支付成本，降低了成本。

二、区块链对审计理论、实践产生的影响

（一）区块链技术对审计理论体系的影响

1. 审计证据变化

随着区块链技术的出现，传统的审计证据也发生了改变。审计证据包括会计业务文档，如会计凭证。由于区块链技术出现，企业间交易在网上进行，相互间经济运行证据变成非纸质数据，审计对证据核对变成由两个区块间通过数据链路实现数据跟踪。

2. 审计程序发生变化

传统审计程序从确定审计目标开始通过制订计划、执行审计到发表审计意见结束。

计算机互联网审计要求采用白箱法和黑箱法对计算机程序进行审计，以检验其运行可靠性，在执行审计阶段主要通过逆查法，从报表数据通过区块链技术跟踪到会计凭证，实现数据客观性、准确性审计。

（二）区块链技术对审计实践的影响

1. 提高审计工作效率、降低审计成本

计算机审计比传统手工审计效率高，区块链技术产生后，对计算机审计客观性、完整性、永久性和不可更改性提供保证，保证审计具体目标实现。区块链技术产生后，人们利用互联网大数据实施审计工作，大大提高了审计效率，解决了传统审计证据不能及时证实，不能满足公众对审计证据真实、准确的要求，也不能满足治理层了解真实可靠会计信息，实现对管理层有效监管的难点。在传统审计下，需要通过专门审计人员运用询问法对公司相关会计信息发询证函进行函证，需要很长时间才能证实，无论是审计时效性，还是审计耗费上都不节约，而计算机审计，尤其是区块链技术产生后，审计进入网络大数据时代，分布式数据技术能实现各区块间数据共享追踪，区块链技术保证这种共享的安全性，其安全维护成本低，由于区块链没有管理数据中心且具有不可逆性和时间邮戳功能，审计人员和治理层、政府、行业监管机构可以通过区块链及时追踪公司账套数据，从而保证了审计结论的正确性，计算机自动汇总计算，也保证了审计工作底稿等汇总数据快速高效。

2. 改变审计重要性认定

审计重要性是审计学中的重要概念，传统审计工作通过在审计计划中确定审计重要性指标作为评价依据，审计人员通过对财务报表数据进行计算，确定各项财务指标，计算重要性比率和金额，通过手工审计发现会计业务中的错报，评价错报金额是否超过重要性金额，从而决定是否进一步审计。而在计算机审计条件下，审计工作可实现以账项为基础详细审计，很少需要以重要性判断为基础的分析性审计技术。

3. 内部控制的内容与方法也不同

传统审计由于更多采用以制度基础审计，更多运用概率统计技术进行抽样审计，从而解决审计效率与效益相矛盾问题。区块链技术产生后，人们运用计算机审计，审计的效率与效果都会提高。虽然区块链技术提高了计算机审计安全性，但计算机审计风险仍存在，传统内部控制在计算机审计下仍然有必要，但其内容发生了变化，人们更重视计算机及网络安全维护，重视计算机操作人员岗位职责及岗位分工管理与监督。内部控制评估方法也更多从事后调查评估内部控制环境，到过程中运用视频监控设备进行实时监控。

三、区块链技术对财务活动的影响

（一）对财务管理中价格和利率影响

基于互联网的商品或劳务交易，其支付手段形式更多表现为数字化、虚拟化，网上商品信息传播公开、透明、无边界与死角。传统商品经济条件下信息不对称没有了，商品价格更透明了。财务管理中运用的价格、利率等分析因素不同以前；边际贡献、成本习性也不同。

（二）财务关系发生变化

所谓财务关系就是企业资金运动过程中所表现的企业与企业经济关系，区块链运用现代分布数据库技术、现代密码学技术将企业与企业以及企业内部各部门联系起来，通过大协作，形成比以往更复杂的财务关系。企业之间资金运动不再需要以货币为媒介，传统企业支付是以货币进行，而现代企业支付是电子货币，财务关系表现为大数据之间的关系，也可以说是区块链关系。这种关系减少了不少地方关系。

（三）提高了财务工作的效率

1. 直接投资与融资更方便

传统财务中，筹资成本高，需中间人参与，如银行等。区块链技术产生后，互联网金融得到很大发展，在互联网初期，网上支付主要通过银行这个第三方进行，区块链能够实现新形式的点对点融资，人们可通过互联网，下载一个区块链网络的客户端，就能实现交易结算、投资理财、企业资金融通等服务，并且使交易结算、投资、融资的时间从几天、几周变为几分几秒，能及时反馈投资红利的记录与支付效率，使这些环节更加透明、安全。

2. 提高交易磋商的效率

传统商务磋商通过人员现场交流沟通，对商品交易价格、交易时间、交货方式等进行磋商，最后形成书面合同，而在互联网下，由于区块链技术保证网上沟通的真实、安全有效，通过网上实时视频磋商，通过网络传送合同，通过区块链技术验证合同有效性，大大提高了财务业务的执行效率。

（四）财务的成本影响

1. 减少交易环节，节省交易成本

由于区块链技术的使用，电子商务交易能实现点对点交易结算，交易数据能同 ERP 财务软件协同工作，能实现电子商务交易数据和财务数据及时更新，资金转移支付不需通过银行等中介，解决双向付费问题，尤其在跨境等业务中，少付许多佣金和手续费。

2.降低了信息获取成本

互联网出现后，人们通过网络从事商务活动，开创商业新模式，商家通过网络很容易获得商品信息，通过区块链技术，在大量网络数据中，运用区块链跟踪网络节点，可以监控一个个独立的微商业务活动，找到投资商，完成企业重组计划，也可通过区块链技术为企业资金找到出路，获得更多投资收益。可见，区块链降低了财务信息获取成本。

3.降低了信用维护成本

无数企业间财务数据在网络上运行，需要大量维护成本，如何减少协调成本和建立信任的成本，区块链技术建立不基于中心的信用追踪机制，人们能通过区块链网络检查企业交易记录、声誉得分以及其他社会经济因素可信性，交易方能够通过在线数据库查询企业的财务数据，验证任意对手的身份，从而降低信用维护成本。

4.降低了财务工作的工序作业成本

企业财务核算与监督有许多工序，每一工序都要花费一定成本。要做好企业财务工作，保证财务信息真实性，必须运用区块链技术，由于其无中心性，能减少财务作业的工序数量，节省每一工序时间，在安全、透明环境下保证各项财务工作优质高效完成，从而总体上节约工序成本。

第六节 财务管理信息化研究

当今时代是互联网的时代，也是信息技术高速发展并不断改变人类生活环境的时代。在这个时代，人们之间的交流日益便利，信息的获取、资源的使用、业务的开展更加顺畅。同时，市场所面临的不确定性因素也越来越多。各类组织机构要想紧跟时代发展的脚步、焕发出新的生机和活力，仅依靠传统的人或机器进行经营管理活动很难做到。其中，财务管理作为组织管理中重要的一环，所要处理的数据复杂、烦琐，更需要便利化、快捷化、信息化的处理工具来辅助财务人员进行预算、内控、风险管理等业务。本节在简要分析信息化在财务管理中所发挥的重要作用的基础上，提出各类组织在实现财务管理信息化进程中的注意事项，希望对推进财务管理信息化进程有所启示。

一、财务管理信息化的重要性分析

（一）提高财务管理的效率和质量

传统的依靠人力进行财务核算、管理、监控的模式效率比较低，在人员信息收集、数据整理过程中难免会发生因人员操作失误而出现纰漏的状况。随着信息技术与专业会计处理软件的不断完善，组织内部的财务处理模式也经历了由人工核算转到依靠用友、金蝶会计处理软件开展财务管理工作再到现在使用可将组织经营各环节进行融合的ERP系统的过程。在这个转变过程中，各组织机构的财务管理效率得到了极大的提升，财务管理人员可从原有的烦琐数据收集、整理工作中解放出来，将财务管理的关注点放到与组织经营目标相匹配的关键环节中去，财务管理工作的质量有了显著的提高。信息化财务处理软件发挥作用的机制从以下几方面得以显现：首先，从信息收集方面来看，借助信息化技术如内部网可将原有零散化的各部门数据集合起来，各部门可通过内部沟通渠道将各自业务开展过程中所发生的财务信息传递给财务管理部门，使该部门人员快速获取其所需要的信息，减少信息收集的时间，提高财务管理工作的效率；其次，信息化技术可以实现财务管理各系统之间的对接，实现财务管理工作的整体化和一体化。专业化分工是现代劳动的特点，它可以最大化发挥员工的专业技能和水平、减少工作转换所造成的时间浪费。对于财务管理工作而言也是如此，那些财务管理完善、水平较高的大型企业，不同的财务管理工作由不同的人员负责，如有人负责全面预算管理，有人重点进行内控机制的建设，其所使用的系统软件和工具也有所差别。而将这些系统、部分连接起来形成系统化的财务管理就需要信息技术，通过信息化的平台实现各系统和人员的对接。

（二）加强资金监管

对于财务管理工作而言，资金管理是中心环节。资金管理是一项贯穿组织机构全程的工作，不仅在各部门经营业务完成后对其资金使用明细进行核查，还包括资金使用前的规范和管理。从企业招标入手，配备专业人员负责该项活动，通过谈判与投标公司达成共识，在保障质量的前提下将企业所需物资的价格降至最低；进行新产品开发之前，对新产品开发的可行性进行分析，在进行充分的市场调查的情况下开展产品研发活动，将后期新产品研发失败所带来的风险降至最低。那么，如何借助信息化技术实现资金管理环节的高效化、廉洁化是财务管理部门应该考虑的重点问题。首先，借助信息化的工具，组织可以对机构内部经营活动的流程进行优化，将不必要的环节去除，对存疑的环节进行调整，实现采购、生产等部门与财务管理部门的直接对接，将各部门资金的使用情况直接置于财务人员的监管之下，减少资金在中间过程中的浪费和贪污。其次，通过直接的信息对接，财务管理部门能够及时掌握各资金使用部门的需求和实际使用状况，为制订资金使用计划、审核资金账目提供充足的数据支持。

（三）精确财务预算

预算管理是企业财务管理的另一个重要方面。对于预算管理而言，信息化工具和手段的使用可以从改善预算编制、加强预算控制、便利预算反馈3个方面提升预算管理的质量，进而提高整个组织内部的财务管理水平。从预算编制来看，信息化财务管理工具的普及使得财务管理部门能在较短的时间内收集到组织内部的财务历史数据和实际部门需要，最大限度实现组织资金、固定资产、原材料等预算编制的精确性，为后期具体工作的开展提供指导依据。从预算控制来看，通过信息化的沟通渠道，财务管理部门可对预算方案的执行情况进行监督，对因环境变动而出现的预算与实际需要不匹配的状况及时修正，根据现实需要调整预算方案；对于因人员自身纰漏而出现的预算执行未到位的情况，根据纰漏程度对相关人员进行追责，保障预算方案的执行。从预算反馈来看，及时性的预算方案执行效果的反馈是高层进行战略规划与部署所需要的信息之一，在一定程度上影响着组织的长远经营走向。通过信息化手段，预算部门可以将预算执行效果及时反馈给上级主管，为上级部门把握组织经营状况及资金、物料使用状况提供数据。

二、推进财务管理信息化进程的注意点

（一）构建与信息化相匹配的人才队伍

组织活动最基本的元素是人，财务管理信息化过程的推进离不开人才队伍的配置。对于组织而言，要想实现信息化系统的落实和推进，构建起相匹配的人才队伍需要从以下几个方面入手：

首先，转变财务人员的财务管理意识。原有的财务管理工作仅仅局限在财务管理部门，不管是信息的收集、预算的制定还是报表的生成都是由财务管理人员一手包办，财务管理人员所关注的焦点集中在当前组织的财务行为上面，财务管理工作还未与组织战略进行连接。而信息化财务处理工具的使用使得各部门之间、各职员之间的沟通更加密切，财务管理工作不仅仅只由财务部门负责，其他部门和人员有义务为财务管理工作提供实时信息和自己的建议。因此，财务管理人员要转变自身的财务管理理念，重视信息化工具在财务管理中的使用，主动学习并使用该工具。同时，将资源的共享观念贯彻到财务管理的过程中去，做好财务管理与战略之间的对接，专注组织未来经营发展的需要。其次，加大培训力度和范围，提高财务人员的专业技能和基本技能。与传统的财务管理

相比，信息化的财务管理模式对员工的要求更高，其不仅需要掌握专业的财务处理、核算技能和理论知识，还需要学习信息化系统的使用操作知识。这就需要企业在财务人员培训的过程中做好课程的设计与安排，针对现有的财务管理人员设计培训内容和项目，选择合适的培训方式对内部员工进行培训。最后，构建与信息化相匹配的人才队伍除了对现有人员进行培训外，还可以通过招聘的形式重塑人员结构。在招聘的过程中，采取人力资源部门主导、财务部门辅助的形式对应聘人员的财务管理素养、计算机操作技能、会计处理软件使用情况进行考查，从源头上提高人才队伍的整体水平。

（二）配置相关的基础设施

信息化平台的建立不是财务管理信息化的终点。要想使新建立起来的工具发挥其内在的作用，必须保证该工具能够有效贯彻落实下去。也就是说，财务管理信息化的推进需要组织内部其他机制的配合。首先，结合国家的相关法律规定制定适合组织内部的财务管理信息化制度。该制度不仅要包含信息化流程中各部门应有的职责和权力，还应该明确财务评价的指标和要素，对于不按照制度办事的员工和部门给予一定的惩罚。其次，做好信息系统的安全保护工作。信息化的财务管理模式在给组织带来便利的同时也带来了一定的风险，其中之一便是网络安全问题。一旦组织网络受到非法攻击，组织内部的信息和资源很可能被不法分子利用，给组织的经营带来威胁。各机构在使用信息技术构建财务管理系统的同时要配置相应的安全机制与软件，将网络风险控制在自身可以掌控的范围之内。最后，便捷、快速的沟通渠道是信息化财务管理中不可缺少的基础配置。借助正式或非正式的沟通网络，组织各部门之间的无形壁垒荡然无存，各部门可以及时分享资源和信息，形成强大的监督合力，对财务管理工作进行监督。

第七节 网络环境下的财务管理

近年来，互联网平台的发展由快速走向成熟，各行各业的发展也越来越离不开网络的支撑，企业的财务管理在网络环境的推动下，也不得不改变传统的财务管理方式，并将财务软件、计算机技术等与财务相关的内容重新规划并纳入企业管理的范畴，而电子商务也逐渐成为企业的核心经营板块。企业财务管理的变革不仅促进了企业管理的数字化、信息化进程，而且加快了企业电子商务的发展，规范了企业的管理流程。同时，网络平台的应用也给企业带来了巨大的影响和挑战。因此，在这一背景下，企业将如何创新和变革财务管理才能适应未来社会发展的需要，这正成为每个企业关注的重要问题。

一、网络环境下企业财务管理模式的特点

（一）数据实时传递，有利于加强内部控制

网络信息系统的应用改变了传统财务管理中财务数据不能及时传递的弊端，在网络环境下，企业财务信息系统可以实现对数据的实时传递、资源共享以及监控反馈等功能，可以随时更新企业各个环节的数据，并将数据传递给信息使用者，这更能体现财务数据的真实性。同时，通过及时反馈得来的财务数据，也加强了对企业的内部控制，有利于提高企业的财务管理水平。

（二）运行环境更加开放

在网络环境下，企业可以利用财务软件的兼容性特点，将财务数据在其中的计算机端口输入，那么其他链接的终端设备就可以进行查询、分享、下载这些数据，这不仅大大减少了重复输入数据的时间，提高了工作效率，而且为信息使用者提供了第一手资料，从而发挥了财务管理的指导作用。

（三）数据信息更加集中

传统的财务数据体现在报表上，数据分散且没有关联性，要想获得数据之间的联系，需要花费很长的时间。而系统的财务软件的应用，让企业的财务数据前后衔接起来，可以针对不同的要求将数据分组，数据之间既相互独立又相互关联，更加方便企业管理者利用、分析及使用数据。

二、网络环境对企业财务管理的影响

网络环境对企业财务管理的影响主要体现在以下三点：

（一）加大了财务系统的安全问题

网络信息系统的应用，在一定程度上给企业财务数据的使用带来了方便，但也使数据信息更加不容易被控制，面临着严重的安全问题。一方面，由于网络具有全球性、开放性的特点，因此，网络本身存在着不安全性，网络环境并不稳定，一旦遭受不明病毒等因素的入侵，就会给企业数据造成严重的损失，从而影响企业财务管理工作，损害到企业的利益；另一方面，在使用财务管理软件时，要严格设置访问财务管理系统的权限，才能防止财务信息不被人为修改，保证财务信息的准确性、真实性和可靠性，这无疑提高了对网络财务系统的安全性要求。

（二）转变了财务管理的职能

网络财务管理在运行当中，能够实现财务信息与企业数据资源的实时共享和反馈，这直接体现了财务对企业的内部控制和管理，因此，财务管理的核心也逐渐由传统的财务核算向财务控制转变。财务人员的职能不再是单一核算，而是更多地参与到企业的管理当中。财务职能的这种转变更有利于发挥财务管理的核心作用，同时，这也提高了对财务管理人员的要求。

（三）财务报表要求更加规范

网络财务管理具有固有的流程和模式，它具有自动生成记账凭证、编制财务报表的功能，财务报表上的数据之间是可以进行相互比较的，这大大提高了财务数据的真实性和可比性，使财务管理更加规范化和标准化。因此，在使用财务报表时，要求财务工作人员要提高其专业能力和综合素质，以适应企业规范化的管理要求。

三、网络环境下企业财务管理创新的思路

通过对企业财务管理特点以及影响的分析，可以看出，企业要想实现最终目标，获得利益最大化，就必须不断适应网络经济的新环境，积极探索财务管理的新模式，不断改变传统的财务管理方法，变革财务管理机制才能满足社会的发展要求。因此，在目前网络化发展的环境下，企业要想实现财务管理的网络化和信息化，必须要做好以下几个方面的工作：

（一）创新财务管理模式

在网络环境下，企业的财务管理模式由原有的分散的、局部的管理模式向更加集中的方式转变，企业要充分利用网络的特点和优势，对企业的财务数据进行远程报账、查账、监控库存、经营业绩等数据进行监控，充分调动和利用财务网络系统的实时数据资源，以便于及时掌握企业的财务状况，从而规避财务风险。这种管理模式的创新，使企业能够实现集中式管理，对企业的资源进行合理的整合和配置，最终提高企业的竞争力。

（二）创新企业财务核算内容

传统的企业主要依靠土地、设备以及厂房等资产的多少来决定企业的竞争力，这些也构成了企业财务核算的主要内容。但是，随着网络化的快速发展，企业已经将核算的重心转移到基于内外供应链管理的会计信息管理和决策分析方面。新的发展环境要求人人都是企业财务信息的处理者，企业的每个员工都要协助企业的管理者做好产品设计规划、产品种类、产品销量等方面的工作，才能为企业创造最大化的利润。

(三)健全财务管理系统的安全保障体系

由于财务数据直接反映了企业的资产状况、负债情况、利润收益以及现金流量等内部信息,更体现了企业的经营运行情况,因此,财务数据信息的真实性和安全性就变得十分重要。在这种情况下,安全问题也是企业应该考虑的首要问题。所以,企业在使用网络财务管理系统时,要针对网络的漏洞和安全问题,创建以数字化技术为先导,以市场化需求为标准,综合运用互联网的多媒体、超文本等技术,建立起动态的、实时的、可监控的财务系统,从而形成多层次、立体化的财务安全保障体系。

(四)创新企业财务管理人员培训体系

创新企业的财务管理,首先要改变传统的财务管理理念,摒弃以前的以"资金"为中心的管理理念,因此,企业应该打破传统的收益分配格局,逐步创新并建立起责权利相结合的分配理论和财务运行机制,这样才能充分调动员工的积极性,实现企业的管理目标。企业的价值不再只是体现在企业拥有的债券、股票价值、企业规模以及经营收益上,而提倡"以人为本"的管理理念,并将人才作为企业经济发展的核心。因此,在以数字化、网络化和信息化技术为先导的新环境下,企业在转变财务管理理念后,要更加注重对财务人员进行网络技术以及业务操作等内容的培训,才能提高财务相关人员的思想觉悟和业务操作水平,有效提高财务人员的管理及创新能力,也才能真正实现企业"以人为本"的管理模式。企业主要做好以下培训工作:一是首先将员工根据工作经历、背景、学历、能力等条件进行分组,针对已经掌握财务管理和经济理论基础的管理人员可以通过进一步培训现代网络技术,将他们所学的经济学、会计学、网络技术等有机地结合起来,以帮助他们全方位、多角度地分析新经济环境发展的需要,从而给企业的领导者提供有价值的财务决策信息;二是针对没有网络基础的基层财务人员,制定适合他们学习的课程,通过技术培训,增加他们的网络基础知识,从而提高他们对企业经营状况的评估和分析能力。因此,只有不断加强对财务人员的网络技术培训,才能提高企业财务人员的整体水平。

在当前互联网技术、信息技术突飞猛进的现代社会,企业要想获得发展,就得及时了解社会经济发展的新趋势,变革传统财务管理的模式和方法,通过创新企业财务核算内容、加强企业财务管理安全保障体系、创新企业财务管理人员培训体系等方面,全面提高企业的核心竞争力,最终实现企业的可持续发展目标。

第六章 企业战略管理创新发展

第一节 企业战略管理的重要性与精准化

企业战略与企业的生存发展有着直接的联系。新时期在市场竞争日益激烈的情况下，企业面临着严峻的挑战。因此，企业必须要加强战略管理，针对企业的资源配置、发展方向制订完善的规划，从而保证企业能够提升自身的竞争力。

一、企业战略管理的重要性

企业战略必须要保障实质性，一是在企业发展目标的基础上提供准确的分析框架；二是企业战略管理必须要充分利用市场机会，把握市场发展的趋势，从而能够对企业战略自身进行合理化调整，逐步适应市场的需求；三是企业战略管理必须要适应企业自身的能力，与企业的资源之间进行合理的配置；四是企业战略的管理必须要根据企业管理能力来决定企业能够接受的风险度；五是企业战略管理与企业的文化建设以及管理者的价值体系之间必须要达到融合。

企业战略直接关系着企业的生存基础以及未来的发展方向。因此，加强企业战略管理可以提升企业的核心竞争力，保障企业稳定持续的发展，并且帮助企业树立合理的、长期的发展目标，逐步减少当前的短期行为。企业在实际发展中必须要针对每一个战略进行强化管理，并将企业的产品服务转化为市场效益，同时也要提升企业的形象保证企业的价值，企业战略主要是强化企业自身的竞争优势，通过资源的合理配置以及业务的合理化应用来促使企业形成长效的竞争力。

二、企业战略管理存在的问题

企业战略管理应用过程中存在众多因素的干扰。企业战略的制定以及企业战略管理的应用受到了众多因素的影响，包括宏观环境、人为因素以及其他干扰因素。例如，政府监管体系不完善、法律政策体系不完善以及市场发育不成熟等，都会对企业战略管理的制定产生较大的影响，甚至导致企业的战略出现先天性不足的问题。

企业战略管理的不确定性。由于企业在实际发展中受到外界环境的影响，因此企业战略的制定可能也会存在较大的不确定性。企业需要根据战略管理理论中的相关方法，对市场进行充分的分析，包括竞争对手的情况、供应商的行为以及客户的需求。但是，这些因素却具有较强的不确定性，对于企业战略的实施产生了较大的影响，甚至使企业战略的有效性、准确性严重不足。同时，在企业战略管理中市场的众多行为导致了企业战略的制定偏离市场的环境，影响企业自身的规范性发展，众多战略都无法付诸实践。

企业战略执行力不足。由于企业战略制定以及执行过程中缺乏较强的系统性及规范性，因此企业战略与企业实际发展情况不符合，导致企业战略执行性较差。在企业战略管理中高层的意识不足，甚至是信息自上向下进行传递的过程中出现了失实的问题，这就导致了企业战略管理水平不足，严重影响了企业战略的执行效果，这对于企业后期的发展是非常不利的。

三、企业战略管理精准化的优势

更好地应对企业战略管理中的问题。企业战略管理的精准化主要是围绕中心工作开展的，并且明确战略管理中的主要及次要矛盾。从企业实际发展中可以看出，战略管理要求对象精准、项目安排精准、资金使用措施精准、执行精准。因此，通过精准化的管理可以把握企业战略管理中的重要内容，把握其中的弱势，并且能够将企业的战略落到实处。精准化管理的思维可以体现在企业战略管理的多个方面，把握核心的要义，在全面落实之后可以推迟企业管理方式的变革，并且促使企业管理水平的提升，这使得企业自身价值创造的能力得到大幅度提升。企业的战略管理涉及企业每一个层次，包括企业的战略制定、实施以及评价，为企业日后的发展打下了坚实的基础。因此，针对企业战略实施精准化的管理，可以使企业的战略管理更加科学，可以适应环境的需求，注重企业的战略管理保持长期性。

提升企业的竞争力。企业实施战略精准化管理，必须要求从整体的方向来进行，保证企业战略的系统性。企业的战略必须要作为完整的过程来实施，是企业不可分割的组成部分。企业战略管理强调了整体性的优化，因此通过企业战略的精准化管理，可以对企业的宗旨、目标、决策进行有效的协调，对各个部门的行为进行强化控制，这就可以促使企业战略管理从计划、组织、指挥、协调、控制等多个方面深入贯彻，保证企业管理目标、对象资源、投入保障措施、责任主体以及战略成效的精准化，可以突出战略管理中的重点问题，并且能够在这些关键问题的基础上，对各个部门实施精确的要求，保障企业的经营发展能够实施精确的管理，攻克战略管理中的重点问题。精准化管理是一种重要的方法，体现了企业管理从经验向数字化方向的转变，也体现了企业的管理能力，主要展现企业日常的经营、措施、绩效评价等，对于企业的整体性发展是非常重要的。因此，企业战略管理的精准化可以促使企业以市场为导向，实施整体管理的优化，并且能够以人为本，达到企业的战略管理目标。

四、企业战略管理精准化的策略

提升企业管理人员的意识。为了促使企业战略管理能够实施精准化，必须要求管理者树立精准化管理意识。只有企业高层领导明确企业战略管理的精准化，才能够从战略目标、实施计划进行严格把控，并且从企业发展的全局出发，把握企业战略精准化管理的节奏。同时，在高层人员明确战略管理精准化的重要性之后，就可以自上而下形成良好的通道，要求基层人员能够在各个环节实施精准化的管理方式，并且发挥企业主体人员的积极性，保证企业战略管理精准化的理念在企业发展中得到充分的发挥。同时，在企业实际发展管理中，必须要从管理理念上进行突破，从而有效地实施企业战略管理精准化的理念、方法，对企业的战略目标计划进行有效的整合，不断地优化企业的资源配置，促使企业战略管理向现代化方向转变。

健全企业战略管理精准化的制度。企业的制度是影响企业战略管理的重要因素，因此为了保证企业战略管理精准化能够深入贯彻到每一个经营环节中，必须要求企业健全当前的制度，提升内部的经营效率，提升企业投资决策的精准化，并且提升企业内部的凝聚力。企业在对战略管理精准化制度进行完善时，要从企业整体发展的角度出发，把控企业战略管理的每一项要求，尤其是关于企业战略的制定、规划、实施、评价等多个层面，从总体层、业务层、职能层多个层面出发，保证战略管理的精准化要求。

保证企业战略管理精准化深入每一个环节。企业战略管理中涉及组织的宗旨、目标、战略管理、环境分析管理、组织资源分析管理、战略制定管理、战略实施管理以及评价结果管理。企业在制定战略之前，必须要明确发展的目标，分析市场的环境及企业自身的情况，在此基础上制定实施战略，最后进行评价。因此，为了保证企业战略管理的精准化，必须要从以下步骤出发：一是在确定企业发展目标时，必须要了解企业的指导方针，从而明确其实施的战略性质；二是对外界环境进行分析时，为了保证管理的精准化，必须要结合企业自身的发展情况，应用信息化技术，如大数据技术来更加准确地获取市场方面的数据，重点把握环境的发展趋势，从而能够结合精准化的管理方式，发现市场环境中存在的机遇和威胁；三是企业在对自身进行分析时，也必须要应用精确转化的手段，结合先进的信息技术，来了解企业自身的优势及劣势，从而获取关于企业自身的报告；四是在针对企业战略进行制定时，必须要从公司层面、业务层面、职能层面来进行针对性的确立，从而保证这些战略具有精准化的特点，从每一个环节组织中寻求精准的定位；五是在战略实施的过程中，必须要保障战略实施的效果，对于战略实施的每一个环节实施精准化的管理。最终对战略管理进行评价时，必须要明确战略的效果需要做出的调整。

保障信息技术的应用。新时期企业战略管理的精准化必须要借助于信息技术手段的支撑，尤其是与互联网技术之间进行对接，借助于大数据技术、云计算技术等现代的信息技术，建立信息共享、信息跟踪、信息收集的系统，为企业实施精准化管理奠定良好的基础。同时，借助于信息化的技术可以对企业的经营业绩进行精准化考核，针对不同的工作建立不同的考核目标，实施不同的评估方案，最终促使企业战略的落实以及执行。

第二节 企业战略变革的影响因素

时代在进步，各项改革必不可少，能够经得起改革考验的企业才是能长期持续发展的企业。变革实践是企业组织管理的重要组成之一，长期固定不变的企业发展战略对企业未来持续发展是有害无益的，只有寻求一种能让企业稳中求进的改革策略，才能够让企业的组织效益提高和可持续发展。如今经济高速发展，我国各大企业均面临着严峻的战略改革考验。企业成长过程就是企业战略不断变革的过程。一个在这种动荡中顽强生存的企业，其可发展性和可持续性向我们展现了企业管理战略变革的成功。因此，对于我国企业的可持续成长，分析和探索如何成功管理企业战略变革对于现在的企业管理方式的选择是具有重要意义的。

一、企业战略变革研究的理论基础

企业战略变革管理是一项难度大、较为复杂的管理系统工程，历来的学者根据不同的研究对象和研究方法得出的结论也是不一样的。因为不同的研究人员研究侧重点不同，所以得出结论的侧重点也是不同的。根据古今中外研究学家的结论结果分析，虽然有小部分的差异，但是大体上还是相似的。目前较为认可的理论是：战略变革是指动态协调企业和客观环境，通过企业的管理战略内容的实施获得企业竞争优势。

二、组织学习视角下企业战略变革的影响因素

企业战略变革是要符合该企业发展前景和需要的，根据实际情况制定出好的发展模式，不仅可以让企业在勇于创新发展的道路上越走越稳，还能因战略变革的量体裁衣而使企业在竞争中突出重围。时代在变迁，社会在高速发展，一切的事物都是随之变动和缓慢发展的，摸石头过河差不多是每个企业的基本现状，对于不同时期和不同成长背景，企业对于战略改革模式的选择不能一成不变，要做到具体问题具体分析，没有最好的改革模式，只有最实际、最合理、最合适的改革模式。虽然选择合适的企业战略改革模式难度很大，但是其重要性更是不言而喻，只有克服种种难题才能达到期望的效果。

（一）企业的外部环境

影响企业的因素太多，内部因素和外部因素并存，相比之下外部因素对企业影响较大。企业外部经营环境是不断变化的，可直接影响到企业管理模式、改革方向、战略手段等，只有顺应时代变迁和历史变革，与时俱进，与社会大体变革同发展、同进步，才能在复杂、不稳定、动态的环境中得以生存和适应。

（二）企业生命周期

每个企业都有生命周期，也都会历经创业期、成长期、成熟期与衰退期4个阶段。任何事物都有逐渐成长的过程，从创业初始到企业成长期再到企业经济实力的雄厚最后到企业经济萧条，这一系列都是企业的生命周期。旧事物总是因新事物的到来而逐渐隐退的，在这个高速发展的社会，新生事物层出不穷，只有顺应更替才能找到适合企业发展的改革模式。伴随着企业生命周期发展的需要，企业战略变革模式随之产生，进而促进企业持续、稳定、快速发展。

（三）企业文化

一个企业有理念和发展目标等就是企业文化的体现，没有企业文化的企业是不能顺应社会变更长期可持续发展的。有研究者在研究过程中发现企业战略变革和企业文化有关，只有构建起企业文化，才能判断企业战略变革的程度。企业价值观和文化交流的相互融合才是企业战略改革形成的必要过程。一个企业的战略改革反映出该企业的文化，与此同时企业文化又反过来制约和影响着该企业战略改革的形成和实施。

（四）最高管理者

最高管理者具备强大的战略管理能力，将为成功管理企业战略变革奠定坚实的领导力基础。在一个企业中如果没有管理者的统一管理，企业的各个部门将会是一盘散沙，

显然管理者的作用就是用条条框框去束缚人们的行为。制度是靠管理者去制定,将制度从上向下执行是要靠人去采取行动的,保证执行者的高素质、高思想境界、高人品就是保证执行力度和执行效果的根基所在。严格执行、公私分明才能让管理制度在企业中得以存在,才能使企业稳定发展。企业领导者和企业员工的素质高低直接影响着企业的发展,最高管理者的品行、素质、能力问题是不容忽视的。在竞争日趋激烈的今天,最高管理者的战略能力对企业的战略变革起着至关重要的作用。提高自身文化水平、提高自身分析和解决问题的能力、拥有与企业共进退共成长的大无畏精神等是企业最高管理者所要具备和培养的素质,只有具有战略能力和长远战略眼光的优秀管理者,才能发现时机,充分发挥其长远战略运行计划,从而让企业在经济动荡的时代背景下稳定、健康的发展和生存。

(五)企业组织架构

企业组织架构的灵活性或组织柔性与战略变革能否有效实施密切相关。变化是企业战略变革的客观需要,而适应变化则是战略变革有效实施的必要条件。企业组织架构越灵活,组织柔性程度越大,企业越能够及时适应变化,进而促进战略变革的有效实施。这是因为,组织柔性程度越大,组织架构越灵活、越便捷,组织就越能够以最短的运行时间、最小的运营成本、最少的经历代价和最小的业绩损失对环境变化做出及时有效的调整和反击,从而体现出较高的环境适应性,促使企业战略变革的有效实施。

企业战略变革与诸多因素有关,一个企业解决好内外部因素,然后结合企业自身的实际情况,这样就能够将企业战略的改革和完善度不断地尽善尽美。只有最高管理者的文化素质和战略能力提高才能让管理战略保质保量地实施,才能让企业在稳定中求发展、求进步,从而提升企业在国家这个大舞台上的竞争力。

第三节 战略管理的企业薪酬管理变革

随着我国经济发展日益快速性与规模化,企业作为经济发展中的重要组成部分,有其相对的重要性及影响性。我国企业发展之路较为艰辛复杂,企业薪酬管理也随着不断变革及创新。本节通过对基于战略管理下企业薪酬管理变革进行分析研究,对其问题的实质性进行重点阐述,使企业薪酬管理与企业战略发展相结合,并提出相对优化措施,为其下一步的工作开展提供相关参考。

战略管理已经成为我国企业改革的重要推手及方向,通过战略管理理念灌输及形式应用，对提升我国企业市场竞争力提供重要前提。本节通过对战略管理下企业薪酬管理变革的分析研究，对战略管理下的企业薪酬管理变革之路进行全面论述，并对其提出建议，为我国企业战略薪酬管理体系构建打下重要基础。

一、企业战略管理概述

随着我国市场经济迅猛发展，企业作为我国经济发展的重要基础性保障行业，具有相对的重要性意义。现代化企业思维模式提升了企业发展及规模壮大的规律性。其中，企业战略管理作为企业生存发展及规模壮大的重要基础核心，日益成为当下重要议题。企业战略管理不是单一片面的管理流程，而是更为科学、系统的企业发展战略布局。企业战略管理不同于以往的经营运行管理，它是以企业为核心，以内部创新与外部融合为手段，从战略发展的角度对其企业进行长远的规划布局与管理应用。企业战略管理主要包括人力资源管理、内部控制管理、运行模式管理、财务薪酬管理等。其中最为重要的是"企业薪酬管理"，我国企业发展之路较为漫长，改革开放以来企业薪酬管理在不断创新与改革中前行，本节主要基于战略管理下对企业薪酬管理的变革创新进行分析研究，对企业薪酬管理的实质性与突破性进行具体论述。

二、我国企业薪酬管理的发展与变革

由于我国长期受计划经济体制影响，企业薪酬管理一向以"计划制开展实施，当时企业多为国家直属企业，即所谓的"大工厂、大集体"，在该阶段并没有真正意义上的企业薪酬管理概念，只是单一的"挣工分、挣工资"；改革开放以来，我国市场经济建设迅猛发展，"市场理念"逐渐成为人们的主观思维，企业发展之路与薪酬管理也日益向"市场化"靠拢，即所谓"按劳分配"。1999年，九届全国人大第二次会议通过宪法修正案，根据我国经济体制改革的成果及市场规律，在"实行各尽所能、按劳分配"的原则的基础上，增加了一项"坚持按劳分配为前提主体、多种分配方式并存的分配制度"。我国企业薪酬管理主要以"按劳分配"进行计划管理。2002年党的十六大更对其按劳分配原则进行细化完善，并在劳动、技术、资本等方面实行更为完善细化的薪酬机制。新时期，十九大及习总书记重要讲话中都将"新时期企业战略发展及方向途径"进行明确规划，"战略管理"概念被成功融入企业生存发展与规模壮大中。同时，企业以"与时俱进、紧跟时代"的发展理念，对战略管理对其影响的利弊进行认真分析，并探寻出一种较为创新、公平、科学的薪酬管理模式及机制，为提升企业内部管理及发展壮大奠定了坚实基础。

三、基于战略管理的企业薪酬管理优化对策

（一）确定绩效管理战略核心

企业绩效管理战略核心是以企业发展战略目标为主，将企业战略目标作为企业绩效管理的重要前提。而企业绩效管理与企业战略目标的吻合性在于对其"匹配性"的分析研究。匹配性主要分为纵向匹配与横向匹配。首先，在纵向匹配中主要以企业总体战略与竞争战略为主，对应性地采用薪酬管理策略。

（二）构建科学的薪酬体系

企业战略性薪酬体系的构建必须具有相对的科学性及合理性，必须以企业战略目标为主、以企业战略发展为基础，将薪酬体系以一种更为有效、公平、创新的方法模式呈现出来。其中，薪酬体系主要分为企业岗位薪酬体系、企业技能薪酬体系、企业能力薪酬体系三种，在对具体薪酬体系构建设计中，必须以企业实际情况为基础，对岗位、能力、技能3方面进行综合考量。笔者认为以"人"为核心的薪酬体系主要包括水平能力与专业技能，以"岗位"为核心的薪酬体系主要为"职位"。具体如下：

第一，岗位薪酬体系。在构建岗位薪酬体系时应该对岗位的基础性进行明确，并对岗位实质进行分析研究，对各种不同性及差异化的职位进行明确规划与判定。同时，结合实际情况制定企业内部统一性公平岗位结构。最后，采用科学、合理的评估方式对其进行评价，制订岗位薪酬方案。

第二，技能薪酬体系。技能薪酬体系构建主要以"人"为基础核心，首先对其技能进行研究分析，并建立相应的技能模块，其后按照技能模块的实质内容对其技能模块进行等级划分及评定，最后制定出技能薪酬体系。

第三，能力薪酬体系。能力薪酬体系与技能薪酬体系相同，都以"人"为基础核心，通过对能力的研究分析，建立能力集合，其后对能力集合中的工资能力进行能力评估与等级划分，进而制定能力薪酬体系。

综上所述，构建科学的薪酬体系是企业薪酬管理变革的关键，在进行薪酬体系构建时企业必须将个人目标与企业战略目标进行紧密关联，必须保障其统一性及相对性。同时，结合外部市场发展变化与企业内部改革需求，将企业战略薪酬管理向市场化倾斜，以创新应对发展、以改革应对危机，将企业战略薪酬管理的实质性与作用性充分发挥出来。通过转变薪酬管理理念与优化管理模式，加大对优秀人才的吸引挽留，为企业生存发展与规模壮大奠定坚实的基础。

通过对基于战略管理下浅析企业薪酬管理变革的分析研究，对我国企业薪酬管理的

实质性与创新性进行重点阐述,并明确提出我国企业薪酬管理变化。同时,采用科学、合理的优化对策对企业薪酬管理模式的突破创新提供相关建议,使企业薪酬管理与企业战略发展相结合,为企业的发展壮大奠定坚实基础。

第四节 企业战略管理模式变革

随着物流行业竞争的不断激烈,以德邦物流为代表的物流企业盈利、营运能力也面临巨大的考验,企业的战略管理模式面临着重要的变革。在企业的经营活动中,如果管理者忽略战略管理,则会浪费大量人力、物力,降低物流企业的运营能力,大大加重公司的经营负担。鉴于物流行业有资金回笼周期的问题,所以很难降低成本管理风险,而且公司很难获取完全准确的数据及指标,很难顺利实施战略管理的工作,产生战略风险。这些都应该通过深入的战略管理变革进行优化解决。

随着当前国际间的经济交流逐渐密切化,特别是交通条件迅速提升,在网络的促进下,各种国际资本也不断扩大化,物流企业之间的竞争越演越烈,在这一前提之下,企业到了新的目的地市场,必然要朝着新的战略管理的方向去发展。战略管理的方式主要是让物流企业能够适应目的地市场的发展形势,能够结合目的地市场的具体形势,优化管理与经营的模式,推出适应目的地市场的各类产品,通过这种方式来获得市场的占有率,这使企业在市场上拥有更强的竞争力,这种核心竞争力也是物流企业在发展的过程当中能够迅速扩张的一个重要基础。因此,分析物流企业的战略管理策略,特别是物流企业战略管理过程中的判断模式,以及其在决策过程中的一些思路,将有助于对物流企业经营模式进行优化。

一、物流企业战略管理的主要模式

物流企业的战略管理过程主要包括两种不同的形式,一种是其经营管理过程的战略管理,另一种是其推出的产品和服务的战略管理。从其经营管理的战略管理方式来看,主要是目的地市场中的人员去参与到企业的管理过程中,比如连锁物流网点基于对本土的熟悉程度考虑,聘用本地人员,对目的地市场进行布点,从而提高在目的地市场的占有率。之所以要在经营管理上体现战略管理,主要是管理理念之间的差异,目的地市场与物流企业的原生国家之间存在着文化方面的差别,特别是消费者的消费习惯与消费理念的不同,所以这也必然要求在经营管理上要随时配合体现出战略管理的特征,能够适应目的地市场消费者的需求。所以物流企业不可能耗费大量的人力资源成本或者是其他的资源，但是物流企业会对目的地市场的人员进行必要的指导，在统一企业理念的同时适应目的地市场的发展需求，提高其在目的地市场的融入程度。

另外，实行推出的产品或服务的战略管理，也就是目的地市场本身在消费结构以及消费理念上会有所不同，消费者对于产品与服务的选择更倾向于其自身习惯的一些判断，所以物流企业在推出特定的产品或服务的时候，一定会考虑如何融入目的地市场，从而提升自身在目的地市场的影响力和占有率。比如联邦快递作为一个非常知名的跨国企业，在运行自身企业，并且推出一些物流基础服务的时候，也会考虑目的地市场的一些消费需求，比如中国对快递的配送覆盖面比较重视，那么联邦快递作为一个物流企业在推出新服务或产品的时候，也会考虑在中国市场推出这些相应的产品，这些产品在原生态的国家中是不存在的，但是在中国作为一种产品推广，这也是其战略管理的一种表现，从战略形态上有两个关键层面。

第一层面，物流企业战略管理能够提供更加具备亲和力的产品和服务，从而适应目的地市场的居民习惯，主要目的是物流企业为了占有更大的市场影响力，从而打开销售上的局面，物流企业进行战略管理的过程，其本身还是为了实现利润最大化，所以一定要开发出适合本地市场的一些服务，并且能够结合当地居民的一些需求，如果物流企业在运营的过程中没有采取战略管理的策略，那么其研究出来的产品的消费就可能会遇到一定阻力，从而影响到物流企业的利润扩张。

第二层面，主要是对目的地市场的各种资源进行运用，作为一个物流企业在运用自身的管理战略的过程当中，一定要考虑到人力资源运营的成本，所以在进行开发的过程中，应尽可能运用本土市场所具备的有利资源，进一步在最短的时间内开发出能够适应目的地市场的产品和服务，对于企业而言有着非常大的帮助，从而对企业的发展有着非常重要的推动作用。

二、德邦物流的战略管理风险外部成因分析

从外部因素的角度看，受到国家金融货币政策的影响。物流行业的外部融资会受到国家金融货币政策的影响，而银行是筹资的主要来源，所以政府的调控与银行的监管不容低估。一方面我国出台对物流行业进行宏观调控的政策，会直接影响物流企业向银行贷款。譬如2008年受金融危机的影响，政府和金融机构加大了对物流行业的调控力度，那时物流行业处于日益严峻的金融市场环境中。另一方面，现在正在施行差异化信用贷款，中国人民银行提高贷款利息，提高存款准备金率，这无疑会减少物流企业的利润，

同时也使德邦物流的盈利空间受到挤压。

从市场因素方面看，面对竞争逐渐激烈的物流行业，德邦物流如果不能灵活应对市场变化，将直接导致商品滞销，德邦物流也就会出现战略管理风险。物流市场受到供求关系和物流消费观念影响，如果出现供大于求，就会导致物流产品服务普遍大跌，导致德邦物流资金不能及时回笼、资金利用率低，也会使德邦物流产生较大的各项费用。特别是当前的物流服务供应商是多样化的，这些更决定了当前物流服务的市场因素对物流服务供应商自身带来了更多的战略管理压力。

此外，物流企业的服务同质化问题也是当前德邦物流在战略管理方面遇到的一个非常严峻的挑战。由于很多物流企业现在所提供的各种类型的物流服务是相似的，这些服务的同质化问题，也导致了德邦物流不得不在一个更加严峻的市场竞争环境中提供各种物流服务。德邦物流作为大宗货物的物流供应商，实际面对各种小型的物流服务供应商的挑战上，在市场反应速度以及对相关的服务产品进行调整的过程中，还是缺乏一定的灵活程度。

三、德邦物流的战略管理风险内部成因分析

第一，企业内部关系不协调。德邦物流企业管理的系统复杂，加上内部财务人员流动较大，一定程度上加大了战略管理风险，企业和上层部门间与企业各部门间，在资金运动、利润分配这些方面有权责和管理混乱的情况，导致资产大量流失，资金利用率下降，资金不完整、不安全等问题。德邦物流内部的不少部门是独立运作，财务部门、成本管理部门、项目运作部门很少协调沟通，所以资金管理不善，财务部门缺乏合理、科学地判断项目支出的依据，可能致使德邦物流企业管理效率降低、战略管理风险显著提升。

第二，企业管理人员素质偏低。德邦物流有少数企业管理人员风险意识不够，缺乏科学的财务决策，有些财务人员就只做登记账簿，并未体现出财务人员应有的企业管理能力。此外，部分财务人员对物流行业的相关专业知识掌握不够，企业管理的意识不够，物流行业的财务实操能力不强，不能起到监管的作用，不能为企业管理者提供应有的在财务决策方面的系统和缜密的分析和研究，这会使决策者不能正确进行决策。而有些企业经审计还发现，销售收入及利润虚假，企业会计报表严重失真；私设小金库，扩大隐性灰色收入或从事腐败活动等。从表面看，财务信息失真和造假是财务部门及有关会计人员的问题，但实质上是企业经营者的道德风险，不重视对成本的控制。

第三，行业风险。行业竞争很激烈，预计今年物流行业市场的需求将保持平稳，不少物流服务供应类型的企业都迅速发展，行业竞争会更加激烈。当进入多物流企业的竞

争阶段后，行业风险会导致销售状况欠佳、资金如不能及时回笼，就会致使德邦物流偿债能力变差，资不抵债，进而会处于财务困境，企业的资信也会遭到严重影响。此外，由于物流行业往往有一个严峻的款项回流周期问题，特别是德邦物流作为大宗货物的主要物流服务供应商，更是会遇到款项的周期性滞留等问题，德邦物流的这种周期性的资金活动性挑战，也要求德邦物流必须在一系列的调整中将资金流动性作为大宗物流服务和管理中的重点，这也是德邦物流不同于一般物流服务企业的战略管理难点。

四、物流企业战略管理模式变革的对策分析

（一）合理安排筹资

物流企业主要靠银行贷款来筹资，因为筹资渠道单一且难度大，就要求企业能增加筹资方式。就德邦而言，采用多元化的筹资渠道，能降低偿债风险，还能合理安排筹资模式组合，并将偿还的时间分散开来，不集中于同一时间段，且根据负债水平与企业的规模，合理安排筹资规模，既不会由于筹资过大造成资金闲置，而承担高额资金成本和到期不能偿债的风险，也不会因筹资过小失去潜在的收益，蒙受巨大的经济损失。还可以优化企业资本结构，降低筹资风险，更合理地进行企业管理。德邦在筹资之后，需要监督资金的使用方向，确保专款专用，杜绝将专用项目资金挪用到其他的项目或者其他经营活动。当然，物流企业应了解本企业的防范风险的能力，然后把资金构成比例优化到最好，来规避战略管理风险。

（二）更新观念、加强战略管理风险的防范

企业资金运动中包含战略管理风险，所以企业防范战略管理风险需要全体员工积极配合。就德邦而言，能做到加强企业管理人员的风险意识，所以经常在总部上海针对不同的战略管理风险研究提出应对策略并集中财务人员开展相关培训，教授有关战略管理风险的理论知识，并介绍其表现形式，让他们能及时识别隐含的战略管理风险。另外，德邦加强提高风控水平，杜绝经验决策，进行有效的决策，从而防范风险。特别是德邦物流要意识到自身在大宗货物的配送以及长期性物流服务产品供应过程中可能遇到的资金链条、活动资金以及偿债能力等问题，对这些问题进行战略性的把控，真正提升德邦物流的战略竞争力。

（三）控制好投资风险

物流企业开发项目需投资大量金额且周期长，因此必须控制投资风险。以德邦而言，在投资项目之前，会做全面的市场调研，预测和分析项目中也许会发生的战略管理风险，

深入分析投资项目的可行性。根据市场上的供需状况及未来发展趋势，对项目的类型、规模大小、用途进行确定，预测出开发成本，未来消费需求量及供给量、销售价格等。从上述的分析可以看出，德邦物流在新的目的地市场开拓新的物流服务网点的时候，一定要考虑这些网点开拓后能否为德邦物流带来效益，特别是当前大宗物流服务产品也出现供应同质化等问题的背景之下，德邦物流的新网点投资和经营更需要运用审慎的判断能力，避免这些网点盲目开拓，经济效益价值体现相对较低，如果仅仅是为了布设网点而广泛设置网点，那么对于德邦物流的发展肯定是百害而无一利的。这就对德邦物流的网点开拓管理团队的战略管理能力提出了要求。

（四）针对市场、行业风险做好经营计划

物流企业有复杂的经营活动，且成本费用高，因此做好经营计划有利于提高企业抵抗战略管理风险的能力。德邦针对市场风险和行业风险制定了合理有效的销售策略。企业的资金能否回收起决定性作用的就是销售收入。物流行业商品价值高，具有较强的可替代性，加上近年来物流行业供给市场竞争激烈，所以企业必须要制定合理有效的销售策略。德邦在开发项目时，综合分析当地的有利资源，尽量不和行业发生同质化竞争，即在经营开始前就规避战略管理风险。此外，德邦不断增加营销手段，利用网络平台提高营销效率来加速资金回收，规避战略管理风险，扩大市场份额和占有率。企业仍需提高企业竞争力，不断提高产品性价比，继续研发创新，适度扩大规模，提高市场份额。

（五）加强资金控制，防范信用风险

针对物流企业，加强资金管理控制极为重要，而德邦通过银行给客户发放的抵押贷款提供阶段性连带责任担保，有一定的信用风险。可以从下面两个方面作为切入点：首先，建立一整套有明确界限的顾客资信标准，针对不一样的顾客实行不一样的抵押贷款的额度；另一方面，建立回款责任的机制，把所有因为营销出现的欠款根据营销人员划分，保证每笔欠款都有人会负责。物流企业资金运动投入巨额资金，要加快资金流转，回收资金，避免出现坏账，高效而合理地运用资金。

综合上述的分析可以看出，物流企业采取战略管理策略是一种比较积极的趋向，只是在市场营销的角度体现出物流企业对于目的地市场的判断以及其战略上面的思考，所以对于物流企业的战略管理策略进行研究对剖析物流企业的运营策略及运营模式而言都有重要的价值。因此，诸如德邦物流这类大规模的物流企业，在推进自身的管理科学化的过程中，更应该把握自身的发展特点和实质，有针对性地推进德邦物流内在管理的科学化，只有通过战略管理的自身变革，才能适应当前时代的发展要求，最终为德邦物流等物流企业的可持续发展奠定良好的基础。

第五节　低碳经济与中小企业战略管理

在世界各国应对全球性气候变化的认识和行动逐步达成共识的情况下，低碳经济的概念应运而生。在低碳经济模式下，中小企业会面对宏观经济政策的变化和市场经济规则变化的双重挑战。在传统的经济模式下，中小企业存在战略思想重视不够，错把计划当战略、战略定位不当、战略目标上缺乏重点、战略选择上缺乏全员参与、战略资源缺乏等不足。从战略变革的角度，提出在新形势下制定适合自己的发展战略、产业链升级、提高附加值、低碳化创新、加强企业核心竞争力等建议，力争为中小企业的战略变革提供选择的路径。

一、低碳经济的由来与内涵

在世界各国应对全球性气候变化的认识和行动逐步达成共识的情况下，低碳经济的概念应运而生。瑞典化学家诺贝尔奖获得者阿累尼乌斯早在1896年就提出"化石燃料燃烧将会增加大气中二氧化碳的浓度，从而导致全球变暖"的假说。低碳经济的发展理念最早起源于英国。2003年2月24日，英国颁布了能源白皮书《我们能源的未来——创建低碳经济》，成为世界上最早提出"低碳经济"(Low-Carbon Economy, LCE)的国家。作为第一次工业革命的先驱和资源并不丰富的岛国，英国充分意识到了能源安全和气候变化的威胁，它正从自给自足的能源供应走向主要依靠进口的时代，按目前的消费模式，预计2020年英国80%的能源都必须进口。因此，英国政府为低碳经济发展设立了一个清晰的目标：2010年二氧化碳排放量在1990年水平上减少20%，到2050年减少60%，到2050年建立低碳经济社会。

低碳经济作为一种新经济模式，包含3个方面的内涵：

低碳经济是相对于高碳经济而言的，是相对于基于无约束的碳密集能源生产方式和能源消费方式的高碳经济而言的。因此，发展低碳经济的关键在于降低单位能源消费量的碳排放量(碳强度)，通过碳捕捉、碳封存、碳蓄积降低能源消费的碳强度，控制CO_2排放量的增长速度。

低碳经济是相对于新能源和基于化石能源的经济发展模式而言的。因此，发展低碳经济的关键在于促进经济增长与由能源消费引发的碳排放"脱钩"，实现经济与碳排放错位增长(碳排放低增长、零增长乃至负增长)，通过能源替代、发展低碳能源和无碳能源控制经济体的碳排放弹性,并最终实现经济增长的碳脱钩。

低碳经济是相对于人为碳通量而言的,是一种为解决人为碳通量增加引发的地球生态圈碳失衡而实施的人类自救行为。因此,发展低碳经济的关键在于改变人们的高碳消费倾向和碳偏好,减少化石能源的消费量,减缓碳足迹,实现低碳生存。

总而言之,低碳经济是一种由高碳能源向低碳能源过渡的经济发展模式,是一种旨在修复地球生态圈碳失衡的人类行为。

计划是对于未来活动的具体安排,是对战略的具体实现,而战略定位则表现为一种观念,它确定公司的现有方位,探索公司未来的发展方向,促使企业自由的思考。战略管理在本质、功能上完全不同于长期计划,它不是按时间划定期限,而是按解决问题、对象所需来划定时限。它不是生产、销售、财务、技术等工作简单相加的结果,而是根据环境变化指导整个企业及各部门工作的依据。它不仅追求企业经营利润合理化、最大化,而且追求企业竞争安全性。它不是技术性的产物,而是思想性产物、创新性产物。

成功的企业在企业成立之初就有清晰的定位,而不成功的中小企业在创业以及经营了相当长的一段时间后,仍无法明确自己的定位,出现跟风现象,在市场竞争中处于被动地位。具体表现在两个方面:一是企业在经营中是什么赚钱就干什么,别人经营什么我也跟着经营什么,从而导致企业在产品和业务结构方面趋同。二是不论实力如何,盲目进行多元化经营,在主业务领域里还没有做精、做强,再把有限的资源分配给其他业务领域,难免会出现四面出击而首尾难顾的状况。

中小企业中的家族化管理的特点明显,企业主依靠自己的知识和经验来考虑企业的未来发展,依靠的是感觉和直觉,缺乏必要的计划职能部门对于企业未来的良性发展提供可行性分析。企业主的战略意图更直接地反映为企业的战略行为。中小企业主认为只有高层才有战略眼光,雇员和基层管理者目光短浅,年轻人缺乏经验,后来者不了解企业情况,因而都没有发言权。这种高层优越感,使得企业员工无法理解企业的战略目标,不能投身于更有创造力的工作。

战略的执行力是战略实施的根本,中小企业忽略了战略执行工作开展,执行过程缺乏实时、持续的监督和跟踪,没有将结果和绩效考核挂钩。由于受到短期利益的驱动、小富即安等思想的困扰,导致战略得不到坚持。

战略资源是指企业用于战略行动及其计划推行的人力、财力、物力等资财的总和。企业这些战略资源是战略转化行为的前提条件和物资保证。具体来讲,战略资源包括采购与供应实力、生产能力与产品实力、市场营销与促销实力、财务实力、人力资源的实力、技术开发的实力、管理经营的实力及时间、资讯等无形资源的把握能力。中小企业在战略资源缺乏的同时忽视时间和资讯在某种条件下可能会成为影响企业战略实施的关键性战略资源。

二、低碳经济模式下中小企业战略管理面临的挑战

（一）低碳经济条件下宏观政策环境的变化

工业化、城市化、现代化加快推进的中国，正处在能源需求快速增长阶段，大规模基础设施建设带来能源消费的持续增长。"高碳"特征突出的"发展排放"，成为中国可持续发展的一大制约。"富煤、少气、缺油"的资源条件，决定了中国能源结构以煤为主，低碳能源资源的选择有限。1993—2005 年，中国工业能源消费年均增长 5.8%，工业能源消费约占能源消费总量 70%。采掘、钢铁、建材水泥、电力等高耗能工业行业，2005 年能源消费量占工业能源消费的 64.4%。作为发展中国家，中国经济由"高碳"向"低碳"转变的最大制约，是整体科技水平落后，技术研发能力有限。以 2006 年的 GDP 计算，中国由高碳经济向低碳经济转变，年需资金 250 亿美元。这样一个巨额投入，显然是尚不富裕的中国的沉重负担。我国实施改革开放战略以来，一直注重宏观经济管理，实施各种财政、货币政策以及环境、土地政策等诸多政策组合的宏观调控，以应对国民经济过热，保持健康持续的发展势头。面对低碳经济挑战，宏观经济的调整也就势在必行，会对企业给予积极的关注，加以严格考核，对于符合环保和社会责任的项目实施差别化政策的优待，以激励企业专心致力于可持续发展战略的实施和经营。在哥本哈根会议召开前夕，中国政府对全世界主动表态，到 2020 年中国单位 GDP 碳排放比 2005 年下降 40%~50%。同时，到 2020 年非化石能源占一次能源消费的比重达到 15% 左右。为践行这一承诺，政府在制定环保政策方面将会更加严格，这一影响是长期而持续性的，必然会给中小企业带来更大的生存压力。

（二）低碳经济条件下市场规则的变化

发达国家正试图通过碳关税和碳足迹、食物运送里程、二氧化碳可视化制度等有关低碳经济的技术规则和标准来引导贸易规则的演化。

三、低碳经济模式下中小企业战略管理变革的路径选择

特别是一些发达国家试图通过这种方式变相设置绿色贸易壁垒、碳关税及有关贸易规则和标准，在一定程度上已成为某些发达国家削弱发展中国家制造业出口竞争力。碳金融正在推动低碳经济时代加速到来。企业在调动资源、组织生产和提供服务的过程中，是能源等自然资源的消耗者和温室气体等污染物质的排放者，中小企业今后都势必面临

更加严格的环保标准和排放要求，因此企业要提升碳价值链条每个环节的内在价值，力争成为未来低碳经济的领跑者。

（一）积极主动在新形势下制定适合自己的发展战略

中小企业在低碳经济下制定战略的关键在于改变企业发展方式，降低对煤炭、石油、天然气等化石能源的依赖，促进摆脱碳依赖，摆脱高碳能源依赖，使企业发展转入既满足减排要求又不妨碍企业发展的低碳轨道，使企业发展由"高碳"向"低碳"转轨。首先，在企业管理上，降低人为碳通量。其次，开展碳预算。为提高减排的可控性，以降低人为碳通量为抓手开展碳减排需要特殊手段，即碳预算。这涉及三方面的工作：一是碳预算，预算企业许可的人为CO_2排放总量和时序碳通量。二是预算分配。根据企业的综合实力、发展阶段、发展水平、产品结构的差异，开展预算分配工作。三是预算平衡。这需要综合考虑企业发展进程中由"赤字排放"形成的碳债务、不同部门的碳足迹差异，保障碳预算的平衡。

（二）产业链升级，提高附加值

从产业链角度来看，中小产业链升级主要有两种方法：整合生产研发和整合供应链。整合生产研发是针对各部门在开发新产品时产生的不协调，把产品开发的程序与市场需要、企业策略以及材料供应相结合。整合生产研发的研发既包括基础技术理论研发，又包括领先科技研发，还包括新产品研发或现有产品改进研发。整合生产研发能够通过分布于产业链每一环节的研发和生产决策，提高整个生产系统的效率。整合供应链是指在现有技术水平和产品结构上，控制、影响并拉紧整个供应系统，优化资源在每一个环节的配置，从而获得更高价值，而不是孤立、分散地对待各个环节。整合供应链一般是从整个供应链中选取最重要的步骤着重管理，提高企业的工作效率。整合供应链建立一个具有快速反应能力和以客户需求为基础的制造业供应链系统，提高整个供应链而非单个环节的效率，降低整个供应链系统的成本、库存和物资储备，为客户提供更好的服务。一是整合生产研发和整合供应链积极发展碳技术，发展低碳能源，在优化低碳能源的技术性和经济性的前提下用低碳能源去置换、替代传统的高碳化石能源。二是发展碳吸收技术，通过碳捕捉和碳封存增加碳蓄积、减少地球生态圈的碳循环通量，促进碳平衡。

（三）低碳化创新，加强企业核心竞争力

中小企业在战略的实施上要实行低碳化创新，把低碳经济作为企业转型发展的动力引擎。企业必须努力优化现有产品的碳效率，包括基础设施、供应链和成品。企业要设计能够满足大幅度减排要求的新型低碳解决方案，这可能需要打破现有的产业价值链的束缚，对产品结构进行新的调整和布局。认清自身行业的基本特性，推动将其纳入循环

经济范畴。由于"低碳生活、绿色消费"的理念深入人心，在企业宣传上倡导绿色消费，不仅是支持低碳经济的举措，同时也是对消费者低碳诉求的最好回应，也能赢得更大的市场，从而形成独有的核心竞争力。

第六节 "互联网+"的企业战略变革管理

随着全球经济一体化格局的形成，各行各业竞争压力剧增，在战略决策上稍有不慎将会遭受市场反噬，从而给企业带来不可挽回的重大经济损失。当前，经营理念和发展模式的竞争已成为企业间的主要竞争，换言之就是战略管理之间的较量。如何在日益激烈的市场竞争脱颖而出，是企业亟待解决的重要问题。如今，作为一种全新的经济形态，互联网已发展成为独立的产业，是社会经济新的助推力，在不断向传统领域渗透的进程中，逐步向"互联网+"发展。"互联网+"的出现对传统企业管理模式造成强烈冲击，同时也是对经典企业战略管理理论的颠覆。总而言之，在"互联网+"背景下，企业战略管理发生重大改变，其实施是否能跟随发展步伐，对于企业核心竞争力的提升有着至关重要的影响。

一、相关概念解析

（一）"互联网+"

作为一种全新的产业模式和经济形态，"互联网+"是新一轮技术革命和创新2.0在相互作用下所形成的新的社会发展形态的总体概况。李克强总理于2015年3月首次在政府工作报告中提及"互联网+"行动计划。当前"互联网+"具有如下特点：一是跨界融合。"互联网+"中"+"是指将互联网和其他行业、领域结合起来，是一次全新的变革。二是具有创新力。行业在发展过程中运用互联网思维，发挥创新意识来求变。三是重塑结构。互联网的普及，改变了传统的社会结构和经济形态。而"互联网+"的产生，有效降低了企业成本，提高了企业生产效率，同时扩大了企业产品销路，是对传统商业模式的一次重构。

（二）企业战略管理

企业战略是指企业为更好地寻求发展、占领更多市场份额，在充分研究内外部环境的基础上，立足今后发展，运用正确的发展理念和思维，指导企业制定正确的经营目标和战略方针，并为后续稳步实施进行系统、全面的谋划，具有较强的前瞻性和科学性、规划性。企业战略管理就是企业高层在科学分析市场环境、敌我双方情况后，对市场今后的发展趋势进行深入研究，从而制订长期计划，并对具体实施条件进行精心准备，同时借助评价、调控的手段来确保战略有序开展的动态管理过程。

二、"互联网+"对企业战略管理的影响

（一）企业战略制定模式发生改变

以往企业在制定战略时通常采用的是自上而下的模式，这样的模式更多表现出的是上级领导层的意愿，使得企业上下对战略存在较大的认知差异。而随着"互联网+"时代的来临，企业内外部环境发生较大改变，战略管理不仅需要从上至下形成，同时也需要从下自上推进。这主要是因为当前环境不断变化，要想更好地洞察行业未来的发展趋势，及时正确地对企业的发展做出预判，就必须采集到最新的数据信息，而企业更接近市场的基层员工所接触的数据更全面。因此，企业在战略制定过程中必须多方吸纳意见，多层次、多渠道获取信息，并不能仅仅是单一通过自上而下的方式形成战略，要与自下而上的实践经验结合起来。

（二）企业战略规划更凸显开放性

很多企业都是通过组建专家组的方式来推进战略规划的开展，专家组成员多是由企业内部管理团队或是外部战略咨询公司专家组建而成。在形成战略时，往往是由企业高层小范围对战略规划和业务占比进行探讨。而在"互联网+"时代下，企业要想更好地寻求发展，就必须及时充分地获取各类信息，采取更为开放的战略规划方式，通过智库机制推动参与企业战略研讨的成员组成更为多元化。

（三）企业战略呈现动态变化

一直以来，企业战略都被定义为顶层设计，以国有企业为例，其战略规划周期一般为中长期规划，如5年、10年，甚至还会对今后20年进行长期规划。而这种战略周期较长的特点，也使企业在执行过程中出现"一张蓝图绘到底"的状态，在实施战略时必须严格按照既定的战略规划执行，战略管理目标缺乏动态性。而在"互联网+"时代下，客户需求、市场环境等随时都在发生改变，因此企业要根据市场变动、行业发展等对战略目标进行实时调整。越来越多的企业认可并执行"战略是临时的，需要随时进行调整"的观念，尤其是在战略实施过程中，着重对内外部环境进行实时追踪，并根据追踪结果调整企业战略，使企业战略呈现出动态化特点。

（四）使命和价值观成为企业战略核心

以往，企业战略的核心是通过制定明确的战略定位和竞争策略，来提高企业竞争实力。因此，企业在竞争格局预判的战略研究中，更注重对自身资源能力的结合，在立足竞争格局的大环境下，开展差异化的战略定位。而随着"互联网+"时代的来临，消费者特征、需求以及消费群体结构均发生较大变化，企业之间的竞争也更加复杂，战略管理逐渐向长远发展目标和价值链体系倾斜，而这也意味着企业在业务决策上更加灵活、选择性更多，同时业务布局围绕企业发展使命和价值实现开展。

（五）企业战略决策关注点从财务回报向顾客价值转变

以往企业战略决策更关注于财务回报率，如企业的发展规模、所占领的市场份额、未来市场占有率等，并在战略规划方案中，通过财务报表体现出投资回报率、利润、营收等目标。而在"互联网+"时代下，企业如果只关心财务回报，看中各类报表数值显然是无法适应时代变革的，单纯从财务角度来判断企业的经营状况以及战略实施情况，很难实现盈利，必须关注用户体验，将客户价值作为企业战略的关注点。

（六）战略研究主体变为员工和客户

以往竞争对手、客户是企业战略研究的主要对象，通过对竞争对手的研究，分析彼此之间的优劣势，从而制定具有差异化的战略；而对客户的研究则主要是通过分析客户需求，生产和研发满足客户喜好的产品，同时提供具有针对性的服务。在互联网普及之前，客户和对手一直都是多数企业战略研究的重点所在。但是，在新形势下，员工在企业战略中的地位越发重要，因此除了研究客户外，还应当多关注员工，这是因为创新已成为企业核心竞争的重要因素。以前，企业凭借先进的设备、优秀的营销能力就可以提高自身的竞争优势，但随着产品同质化现象越来越严重，只有走创新道路才能在激烈的市场竞争中赢得发展，而创新又与员工有着十分密切的联系。

三、"互联网+"背景下企业战略管理的路径探索

（一）树立全新的战略管理理念

企业核心竞争力的打造其实质就是加强企业战略管理的过程。首先，需要从战略层面对经营管理者活动进行重新设计，大力推进学习型组织的建设，加强管理者战略管理意识的转变，让他们意识到"互联网+"时代企业环境和市场发展所面临的变化。其次，通过企业内部培训、外部培训等途径，强化员工对企业战略管理的理解和认可，通过培训激发和挖掘员工的潜能，帮助员工实现自我价值，提高专业技能。与此同时，企业自

身也要紧跟时代步伐，在企业上下形成不断学习的氛围，推动员工个人目标与企业战略保持统一高度。

（二）重视人才引进和培养

随着"互联网+"时代的来临，各行各业所面临的竞争更为激烈，人才作为企业之间竞争的重要因素，其重要性日渐提升。企业要想在新形势下快速与市场环境相对接，跟上时代步伐，就要加强对高层次复合型人才队伍的建设，以战略管理为核心，重视人才引进和培养。具体而言，在选拔创新型人才时，首先，应更注重专业素养、创新意识以及专业能力，尽可能将人才价值转化为有助于企业发展的可用价值。其次，加强对创新人才的培养。充分利用互联网技术，开展"互联网+培训"的人才培养模式，通过新媒体渠道，如微信群、公众号等，向员工推送相关知识，增强培训的灵活性，使员工参与培训的方式更加多样。而在培养平台上，要不断进行创新，通过搭建员工与互联网之间的桥梁，开展交互式培训活动，实现人力资源与员工管理无缝对接。借助互联网培训，能够更深入了解员工的需求，充分掌握员工的期望值，通过强化员工培训，促进人力资源管理体系建设，以此来提高员工的归属感和凝聚力。与此同时，企业也可以借助自媒体构建公众平台，向社会公众和员工发布企业的发展动态。在培训模式上，人力资源部可以依托"互联网+"模式，创建在线培训视频，实现碎片化时间的高效利用，通过线上视频学习和线下培训，完善员工培训机制。此外，在积极践行"走出去"策略的同时，加大"引进来"力度，通过具有竞争性的薪资体系和完善的福利机制，吸引更多人才加入。

（三）推进线上线下运营模式融合

在"互联网+"时代下，网络成为企业运营的重要载体，越来越多的企业开始探索线上线下相结合的运营模式，而在电商领域又被称为O2O。该模式主要是通过线上推广产品，让更多的消费者了解和知道产品，从而进行咨询和购买；线下则主要负责向客户提供体验平台，争取将客户的初步需求转变为实际消费行为。通过线上联合线下的方式，两者各司其职，共同为消费者提供优质、全面的消费服务。一方面，企业以互联网为平台，通过提供线上服务来构建完善的供应链网络体系，充分发挥互联网传播快、覆盖面广的优势，实现线上体系中产品信息到库存信息、商品价格到物流运输、消费者需求到售后反馈等数据的共享。另一方面，利用互联网技术，在线上对客户和产品的信息进行收集分析，并将数据结果及时传递给线下供应链环节，从而来指导线下服务的开展。比如，根据产品的市场反馈、实体库存数等信息，生产商就可以明确产品的具体产量，并根据消费者的实际需求，对产品供应进行及时调整。销售商则可以根据产品的实际库存以及消费者的喜好，对产品种类、数量等进行调整。消费者通过线上、线下渠道均可获得所需的产品信息。这样的方式，使得企业的营销渠道更广，能有效增强客户黏性。

（四）加强体验营销

互联网的全面普及，对消费者的行为和观念产生了重大冲击，企业必须不断创新，积极应用现代科技，通过体验营销模式，来促进消费者经营能力的全面提升。一方面，企业应加强对互联网的应用。当前，企业互联网应用已逐渐普及，并趋于成熟化，不仅开展了线上渠道建设，还积极对门户网站进行改造、开设微信公众号、开通线上支付。其中，微信逐渐成为企业开展网络营销的重要工具，借助微信公众号企业可以与消费者、客户进行互动交流，还可以提供产品查询、网上支付、会员管理等服务。同时，消费者和客户通过微信公众号还能直接进入企业的网络商城。此外，企业还应加强线下实体的互联网改造，通过在实体布设 Wi-Fi、开发数字化会员卡等方式，围绕客户切身利益和需求，探索全新的精准化营销模式。比如数字化会员卡，集消费、储值、便捷支付等于一体，是一种全新的互联网金融类会员卡。不仅如此，企业还可以在线下投放移动销售助手，引进 PAD 工作台，减少线下员工工作量，提高客户的体验。通过跨渠道营销增强客户的体验。对于企业而言，线下渠道是接触客户最多的场所，客户的体验好坏在很大程度上决定着企业的产品销量，因此企业必须要对线下实体进行创新升级，根据当地市场行情，找准自身发展定位，大力开展以场景营销、跨界营销为主的体验式营销，创设舒适温馨的环境，组织开展具有行业特色的产品推广活动。跨界营销则主要是指企业与其他行业进行合作，通过发放优惠券、购物券的方式，与其他行业共同开展营销活动。

（五）建设良好的企业文化

当前，企业文化在"互联网+"时代实现了传播多向互动，对此企业在充分利用好传统文化建设渠道的同时，应发挥互联网共享性、互动性的优势，借助新媒体平台，建设符合时代发展的企业文化，具体可以从以下几方面入手：一是加快新媒体平台建设。企业可以借助互联网资源优势，利用互联网传播快、覆盖面广、时效性强的特点，扩大企业传播路径，向广大公众传递企业的经营理念、企业服务文化、产品质量文化等信息。借助新媒体平台建设，扩大企业在市场中的知名度和影响力，树立良好的企业形象，赢得大众的认可。为了更好地推动企业宣传工作的开展，还应当制定健全的运维机制，对推送的内容进行严格审核，确保内容能够正确引导舆情，向大众推送高质量的信息。同时加强网络安全管理，确保新媒体平台顺利运行。二是通过互联网加强企业价值观管理。企业文化建设是企业战略管理的重要组成部分，而企业价值观则是企业文化的核心内容，通过企业价值观管理，能够将原本抽象的理念转化为具体的思想与行为规范，让员工明白在工作中做什么、怎么做以及做的程度，并积极主动参与其中。比如，可以通过新媒体、自媒体、门户网站等渠道，开辟专门的文化专栏，并在专栏中融入企业价值观，让员工、客户在潜移默化中接受企业价值观念的传递。三是积极开展好群众文化活动，落实好 EAP 服务，不断丰富企业文化内涵。所谓 EAP 即员工支持计划，就是解决好员工生活、工作中遇到的难题，加强员工心理健康教育，通过支持计划提高员工的专业技能及心理资本，从而使员工全身心投入工作之中，以此来提高员工工作效率，促进企业绩效提升。在 EAP 服务实施过程中，必须要秉承"以人为本"原则，对员工所遇到的问题要及时解决，引导员工以积极乐观的心态面对工作和生活。此外，企业还应加强群体性文化活动，一方面要继续落实运动会、歌唱比赛、岗位大练兵等常规文化活动的开展，另一方面也要利用好互联网资源，向社会传递员工勇往直前、敢于拼搏、爱岗敬业的精神品质，以正能量传播为企业提供不竭的助推力。四是打造具有优势的企业文化，帮助企业提高竞争优势。在互联网时代下，企业应高度重视外部文化对企业内部文化的冲击，着力打造具有企业特色的优势性企业文化。在立足总体发展战略的基础上，全面梳理现有的文化理念、规章制度，提炼其核心要素，对原有的企业文化进行重塑，以此来激发员工斗志，增强员工凝聚力。

总而言之，"互联网+"时代的来临，对各行各业造成了强烈冲击，改变了企业的管理模式，企业在面临激烈的市场竞争的同时，也获得了巨大的机遇和空间。因此，企业必须要对管理模式进行改革，积极探索新的发展方向，正确了解和看待"互联网+"对自身战略管理的影响，探索出一条符合时代变革，满足企业发展需求的战略管理之路，充分将战略管理价值最大化发挥出来，以此来推动企业健康可持续发展。

第七章 企业文化管理

第一节 企业文化管理体系

21世纪以来，人类社会进入新时代，这意味着科学技术到达了一个新高度，企业管理成为现时代企业变革核心。企业管理变革涉及很多方面，文化管理变革便是其中之一。企业文化管理变革具有特殊性，并不等同于企业技术管理、企业生产管理以及企业行政管理等，而且和企业财务管理以及企业后勤管理等也有诸多区别。企业文化是公司的软实力，这就体现出文化管理的重要性，它的本质主要是指提高全体员工的精神和思想层面高度，同时也是为了维护企业自身形象，树立良好的口碑。因此在企业管理变革中，文化管理占据核心位置。在现有文化管理的基础上进行变革的目的是为了进一步推动文化管理的发展，只有这样才能将企业文化的作用充分发挥出来。在下面的内容中，将围绕企业文化管理变革情况进行探讨，并且分析企业文化管理未来发展趋势。

一、企业文化存在的意义

每个企业都有自己的特色，这一点通过企业文化可以表现出来，所以企业在日常经营管理过程中要结合企业特色去创造这种精神财富。企业文化涵盖面较广，包括企业制度、企业使命以及文化观念等。建设企业文化的目的在于树立正确的公司文化导向，从而形成有效的文化机制，借助文化的力量推动企业的发展，帮助企业塑造良好的形象。对于员工而言，在企业文化的熏陶下，使他们产生归属感，在传播价值观的同时能够让来自全国各地的员工拥有一个共同的梦想。企业文化的作用远不止于此，其还能让员工产生强烈的责任心，所以作为企业的高层管理者，要通过多种渠道传播价值观，使员工产生向心力、凝聚力，能够将企业的未来和自己的发展建立关联。当员工产生荣誉感后，能够在自己的工作岗位上贡献力量，提高工作业绩。企业和员工是一种相辅相成的关系，企业有良好的发展前景，员工才能够获得理想的生活，而员工只有积极进取才能够推动企业的发展。此外企业文化具有特殊的魅力，能够吸引外来人才，还能够稳定军心，使现有人才将终身奋斗目标和企业发展联系在一起。

二、企业文化管理体系初探

（一）企业文化及企业文化管理评析

完善的文化管理体系能够令企业文化获得更好的发展。所以企业有必要分析现有文化，使得企业能够明确文化的形成机制，了解企业文化的现状以及企业资源条件等，这样能够为建立文化管理体系奠定基础。企业文化是每个企业不可缺少的一部分，首先需要企业对文化进行辨别，筛选优良的文化进行弘扬，剔除文化的消极部分，这样才能找到培育新的企业文化的途径。与此同时，企业应对文化的形成机制进行探究，并对企业的资源条件展开分析。其次，企业要了解当前的文化管理现状并进行评析，以便对文化管理的文化程度有所了解。当企业对文化管理状况有全面了解之后，还能对企业文化管理方法以及文化管理的资源配备有全方位的认知。简而言之，企业评析现有文化管理情况能够对文化管理体系构建基础有正确的把握，还能够为企业文化管理体系的设计创造条件。企业若想评析文化管理状况，可以评析员工的认知水平以及企业历史和企业资源，最主要的是评析领导及高层主管的价值观和信念。

（二）企业文化管理体系的策划

上面的内容介绍了评估文化管理现状的重要性，在此基础上，企业应安排专业人士科学地策划文化管理体系，之所以强调策划的科学性，是为了利用企业文化管理体系的独特性。策划文化管理体系可以从文化体系的设计以及管理体系的设计着手。

要想设计文化体系，企业需要分3个步骤实施，即设计企业文化核心层、设计企业文化介质层以及设计企业文化外显层。以外显层为例，包括物态文化和行为文化两个要素。

（1）观念文化。对于企业文化而言，观念文化相当于核心存在，它指的是企业在不断发展过程中为了适应竞争环境而形成的对生产经营行为的选择标准、辨别标准以及评价标准等。涵盖面较为广泛，比如包括企业服务观、企业效益观以及企业哲学等。

（2）制度文化。制度文化非常关键，在它的作用下，员工能够按照相关流程办事，能够约束自己的行为，相当于企业文化的介质层，使得企业价值观更加具体化。不仅如此，制度文化对企业所倡导的价值观体系的实现起着积极的推动作用。它也是一种管理氛围，主要由管理制度、管理方法和管理政策融合在一起构成。

（3）行为文化。行为文化是一种行为模式，是在企业不断生产经营过程中自觉形成的，使得企业价值观具有实践化和操作化的特征，行为文化相当于企业文化的外显层，可以通过企业员工的言谈举止、着装打扮等判断企业行为文化。

(三)企业文化管理体系设计

（1）管理方针目标。企业要想建立文化管理体系，需要明确管理方针目标，在制定文化管理方针的过程中，应符合相关的法律法规。对于企业文化管理方针而言，主要依据是组织的企业文化状况以及企业文化重要性等。

（2）制定企业文化管理目标和指标。企业在建立文化管理体系的过程中，应制定文化管理目标。文化管理目标应具有针对性，应对企业文化问题有清楚的认知，只有这样才能明确解决问题的方案。指标是指细分目标，要将目标一一落实到各基层单位。

（3）职能分析和确定组织机构。组织机构的确定是实施企业文化管理体系的基础和组织保证。首先，企业文化管理职能应细分化，这就需要建立专门的文化管理机构。再或者成立和其他职能部门平行的职能部门。其次，应优化企业组织，各部门要有独立的职能，不能出现职能交叉，简言之要精简部门，使各部门各司其职。在原有的组织机构基础上进行调整和完善，使其发挥真正的作用，以便为企业文化管理体系的运行奠定坚实的基础。

（4）制订企业文化管理方案。企业文化管理方案是企业文化管理目标和指标实现的活动实施方案，主要包括职责落实、资源配置落实、技术措施落实、完成时间落实。

三、企业文化管理制度的制定及其他制度的修订

文化管理体系的重要性不言而喻，当企业策划完文化管理体系后，应将策划所形成的企业文化体系和管理办法，通过文件的方式进行确定，如此一来，企业文化管理会有相应的制度提供保证，在后期的运行过程中会更加规范。制定文件可从以下两方面着手：

(一)制定企业文化管理制度

为了顺利开展文化管理活动，企业有必要完善文化管理制度。

（1）文化意义符合管理制度。企业统一的经营理念及传达这些经营理念的物质、行为符号，能让员工建立起一种信念、一种归属感，同时也是一种文化指令、语言、暗示。企业应对文化意义符号系统引起重视并进行有效管理，只有这样才能令文化管理制度更加健全。

（2）文化沟通管理制度。针对企业文化管理而言，文化沟通系统非常关键，是其重要组成部分，它的作用不可替代，起着控制和传达的作用。文化沟通系统主要由4个部分组成。①文化沟通的意义符号，它是通过编码和阐释等途径，将文化灵魂系统意义符号变得普通化，使其变得易于沟通，让人通过简单的理解就能够领会其具体意义。②文化沟通的动力系统，就是由企业领导核心机构，将文化沟通的意义符号在恰当的时机传

递给基层。③文化沟通的渠道网络系统。为了营造一个良好的沟通氛围，企业应建立多渠道畅通的沟通网络。④沟通反馈系统。沟通反馈系统有很多形式，既包括回访调查和现场形式，还包括统计报表以及汇报和总结等。

（3）职场氛围管理制度。职场氛围系统是企业灵魂系统的对象化，它是企业高层通过对员工的集体行为进行观察从而创造出来的，代表的是职场的风格和氛围以及感染人的情景。职场氛围管理制度对每个职员起着暗示和支配的作用，还起着规范和塑造的作用。所以企业应对职场氛围引起重视，要形成优良职场氛围的一贯性，还要运用有效的方法加大职场氛围力度，这就进一步体现了职场氛围管理制度的重要性。

（4）文化遗传管理制度。企业文化的作用是多种多样的，企业凭借对自身经营管理的了解，依据环境的变化调整自身的结构和形态，在此基础上也令运作方式和行为模式得到了有效的调整，能够提高自身对市场环境的适应能力。所以企业有必要建立完善的文化遗传管理制度，使文化管理得到进一步强化。

（二）修订企业其他制度

文化管理活动是企业文化管理的外在表现形式，所以企业应建立相关的制度，企业文化需要渗透每个部门，灌输到每个职员身上，所以具有全员性的特征，企业文化活动应和企业的其他活动建立互动机制。因此，企业文化管理要求以企业价值观体系为指导思想，整合企业一切管理制度。企业制度的修订必须以价值观体系为指导，实施三步法：第一步对企业进行诊断，确定存在的问题，明确需要修改的文件及新增文件。第二步以企业理念为根本指导，修订完善各方面的制度，要求各制度有统一的灵魂，能互相协调。第三步指的是为了验证制度需要进行实践，使得制度更加完善，从表到里发挥自身的作用，并且实现文本到实践的高度统一。

总之，在当今时代，科学技术获得了腾飞，为企业的发展奠定了坚实的基础。对于现代企业而言，其变革核心是企业管理，它涉及的方面比较广泛，而文化管理变革是比较重要的组成部分，企业文化管理变革和企业技术管理、生产管理、行政管理变革不同，具有特殊性。针对企业而言，文化相当于软实力，所以文化管理是非常重要的，它的最终目的在于令员工的精神和思想境界得到提高，注重文化管理的企业会塑造一个良好的形象，所以文化管理逐渐成为企业管理变革的重点内容。企业进行文化管理变革的目的在于令文化管理得到进一步发展，充分发挥企业文化的作用。上述内容探讨了企业文化管理变革情况，并且对企业文化管理未来发展趋势进行了分析，希望给各位同行带来一些帮助。

第二节　企业的文化管理模式

企业的文化管理基于科学（制度）管理与行为管理的发展之上，其实质是以价值观的管理为核心，以促进组织变革与创新发展。随着现代科技的飞速发展、现代生产社会化程度的持续提高以及生产组织规模的急剧扩大，现代企业的文化管理不断升级，"互联网+"时代的文化管理模式逐渐成形。

一、文化管理模式的历史演进

在传统科层制结构与技术管理受到权变理论、一般系统论扩张的影响下，企业组织变得更加技术化、理性化。为了服务于科技理性，企业组织的政治事务、文化活动、人际关系等各方面都不同程度地经历过"结构化、工具化、系统化"等方面的改造；而且这种改造往往又过于凸显组织的主体性，因而很容易导致产生"不见人的组织"。相反，行为科学管理理论则从人的维度出发，发现了组织中的人，并逐步突破传统组织结构的樊笼，把人从"工具人"变成"目的人"，最终使人在主体地位的确立过程中获得解放、得到自由；然而用人本主义重构组织结构，却有可能导致个人主义的膨胀，又容易产生"不见了组织的人"。

企业的文化管理模式顺应生产力发展水平与社会发展阶段等要求而生，旨在促进人的全面发展以及协调人与组织的共同发展。作为一种新兴的管理学说与科学体系，企业文化管理的理论研究与实践运用风起云涌。《企业文化与CI策划（第三版）》认为企业文化管理是以人为中心的管理思想与管理理念；是以文化竞争力作为核心竞争力的系统组织管理学说与理论，针对科学管理学说的缺陷与不足，又立足于科学管理的理论与实践；是把组织文化建设作为管理中心工作的管理方式，即文化管理思想、学说与理论在现代组织中的管理实践方式。这也就是说，企业文化管理模式就是运用企业文化治理企业、培养企业共同价值观的管理方式。

现代企业的文化管理以学习型组织理论为直接来源，在组织系统理论的生态理性思维范式引领下，坚持"企业即人"，把人视为"文化个体"，充分尊重他们的独立自主性，积极构建以个体联盟为基础的组织共同体，从而在组织学习中解决人与组织的发展问题。在现代企业管理系统中，人始终处于中心与主导地位。如果说科学管理使企业管理走上规范化、制度化与科学化的发展轨道，那么文化管理则使企业走上人本化、人性化与人文化相结合的发展道路。现代企业的文化管理在科学管理的基础上注重培育企业的人文精神、文化个性，从根本上关注人自身的价值观念与思维方式，关注人的活动、需求、情感与灵魂等。

二、文化管理模式的制度特征

整合性。企业文化管理的制度体系以经营理念与价值观念为纲领，整合企业所有管理制度，为企业形成个性鲜明的企业文化，特别是形成企业价值观提供可靠的制度保证。在现代企业的文化管理体制下，员工通过自发讨论制定规则体系，不断将创新理念与价值观整合成企业的管理制度，这种经由员工实践探索而成的制度体系更具激励性与约束性。

目标性。企业文化管理的制度体系为现代企业实施目标管理提供制度基础与精神动力，因而能够有效协调组织与组织人之间的关系。现代企业实施目标管理，一方面是为了保障企业的组织目标能顺利实现；另一方面是为了促进企业的组织人目标能推动落实。企业文化管理制度体系下的目标管理具有与时俱进的特征，能不断壮大有利于推动企业长远发展的企业文化，增强员工对企业的归属感，特别是对企业目标的认同感，从而为现代企业建立适应当代知识型员工参与管理与创新的柔性管理模式。

人文性。在企业文化管理的制度体系下，企业制度不断健全、优化与完善，在此过程中企业文化不断发挥其共同价值取向功能，文化与制度这两种管理机制之间越发表现出系统耦合性。制度与文化之间逐渐变为互动耦合的关系而具有一定的重合性，两者双管齐下、刚柔相济，相互渗透、相互融合、相得益彰，共同促进企业组织目标与组织人目标趋于一致，推动企业目标达成，实现企业全面进步。

三、文化管理模式的价值立场

自工业革命以来，从资本逻辑到资本异化、资本霸权，资本俨然已经主导世界秩序。科学管理模式下，人被工具异化，与机器几近相似，逐渐丧失自己的主体性，无法完整占有自己的本质，人的片面性发展逐渐加剧。虽然人本主义管理模式转而重视人的因素，努力改善人际关系，积极探索人的需求，尝试解决人性问题，但从根本上讲，人只是提高生产率的手段，而不是发展的目的。这种管理模式脱离人的历史条件与具体实践，破坏人的完整性及人的全面发展的可能性。

文化管理模式考察人及其价值尺度，主张人的价值实现与全面发展具有一定的相融性。可以说，传统的管理模式偏离人的全面发展的实践目标与价值使命，导致"见物不见人"，把人化为"政治人""经济人""技术人"等工具。与之相反，文化管理模式在价值取向上趋向回归人的尺度。而对价值观的管理是企业文化的本质，企业文化管理模式重视人的价值，促进人的全面发展。文化管理理论认为，人是其自身的最高本质，人的价值即人自身的价值，即实现人自身的全面发展，它不等于物的使用价值以及商品的交换价值。因此，从价值立场上讲，企业文化管理模式以人的根本利益为最终目的，以人的全面发展为最高目的。

人的全面发展即按照人的属性，结合经济社会发展程度，实现人的身心、德能、知行等各方面的发展，使人真正成为完整的人、现实的人、主体的人。从价值追求上讲，人的全面发展离不开人不断认识自我价值、思考如何创造价值以及更好地实现自身价值的过程，这既符合人的认识发展规律，也符合人的根本利益所需。因此，重视人的价值、维护人的根本利益、促进人的全面发展，这三者之间相互联系、相互促进，本质上具有一致性。企业文化管理模式坚持以人为中心，以创新、创业者为本，努力实现合规律性与合目的性的统一，构建工具理性与价值理性辩证统一的企业文化，以此促进人的价值提升、自我完善与全面发展。

四、文化管理模式的职责要求

作为新一代的管理模式，企业文化管理通过塑造企业共同的价值观来凝聚人心力量，强化责任意识，弘扬创新精神，以适应市场经济瞬息万变的激烈竞争，适应市场用户对个性化产品的定制需求。因此，从根本上讲，文化管理是创新管理，在具体的职责要求上注重引导员工爱岗敬业、求实创新。这两方面的要求彼此相互联系、相互促进。爱岗敬业不是因循守旧、墨守成规，而是开拓进取、奋发有为。这就需要企业在构建完整的学习生态系统的过程中合力打造学习共同体，营造"勤思考、善学习、重探究、勇创新"的文化氛围，以此激发员工潜能，不断迸发创新创优的创造力，使员工努力做到干一行爱一行、钻一行精一行。

在企业文化管理模式下，企业员工求实创新的职责要求是以爱岗敬业为前提的。人的职业发展过程，从敬业、勤业到精业、乐业等，实质是人不断求实创新的过程。哲学上讲，人总是处在"未完成"状态，人的生命历程是人不断"成人"的过程，也是人不断自我发展的过程。文化管理注重人知识、能力、品德、人格、心态等综合素质的提升，即人自我发展的不断实现。

在对待工作的态度上，企业文化管理旨在从文化心态上使员工逐渐意识到自己所从事的工作不仅是一份谋生的职业，更是一门兴趣使然的专业。如果以职业观看待工作，那么工作的实质是不断重复运行某一行业的操作程序，因而员工需要做到的是恪守与服从；然而，如果以专业观看待工作，那么工作的实质则是不断提升员工自己的专业能力与专业兴趣，因而他们需要思考的是发展与超越。为了更好地促进员工专业兴趣的发展，文化管理模式下的企业管理人员甘愿俯身做"仆人式的领导"，甘愿提供乐于牺牲与奉献自己的人性化服务。因此，企业实施文化管理，企业上下概莫能外地把工作当作无上光荣的事，当作虔诚的事业。

第三节 企业文化管理变革

现时代就是指人类社会的发展进入21世纪之后的科学技术高度发达的时代。现时代企业变革的核心是企业管理变革，而企业管理变革包括企业管理的各个方面的变革，企业文化管理的变革只是其中的一个方面，但企业文化管理的变革不同于企业行政管理、企业组织管理、企业生产管理、企业技术管理、企业销售管理的变革，也不同于企业战略管理、企业财务管理、企业人事管理、企业后勤管理等方面的变革。由于企业文化管理本质上是企业对自身形象和对员工包括管理层员工和基层员工即企业所有员工的思想和精神层面的管理，所以，无论是从劳动主体主导劳动客体，还是从精神层面决定物质层面的角度来讲，企业文化管理的变革都是企业管理变革中一个最重要的方面。而且，有了企业文化管理的变革，才有企业文化管理的进一步发展，才能更好地发挥企业文化在企业发展中的作用。为此，本节拟将集中论述现时代世界主要国家包括已经走上市场化改革之路中国的企业文化管理变革情况以及未来的发展趋势。

一、多元化特性的企业文化管理变革

时代的变革决定企业的变革，企业的变革决定企业文化的变革，企业文化的变革决定企业文化管理的变革。在现时代的企业文化管理变革中，有共性的变革，也有不同国家不同企业特性的变革。虽然特性的企业文化管理变革与世界潮流中的企业文化管理的共性变革有密切的联系，但是，特性的企业文化管理变革是呈现多元化特征的企业文化管理变革。

（一）日本的企业文化管理变革

日本是第二次世界大战的战败国，但1964年日本举办了东京奥运会，即距离战败仅仅19年之后，日本就从战后的废墟中奇迹般发展起来了。到1994年，日本实现了工业化，成为世界上经济发达国家，也是亚洲经济最发达国家。日本的战后经济发展与其

企业的经营管理模式和企业文化的独特性不无关系。在日本的企业文化管理中，员工是最重要的经营资源。日本企业认为人的能力具有很大的发展性和可塑性，企业给予员工的待遇等于是对员工能力提高和发展的投资。日本企业普遍实行年功序列制和终身雇佣制，激励每个员工都能在自己的工作岗位上开发能力，追求自己以及公司的发展，立足于长期为企业做贡献。日本企业注重创造灵活的组织环境和优胜的文化格局，使企业内外信息交流畅通，并重视家族主义的集体行动。日本企业文化所具有的独特性，使企业的科学管理和行为管理有机地融合，极大地激发了员工的工作热情，提高了企业的凝聚力和竞争力，使日本企业的经营思想和文化管理模式在全世界赢得极高的赞誉。

但是，日本的企业文化管理也不是完美无缺的。目前，日本的企业文化管理变革的基本点主要表现在以下方面：

一是由过于重视核心竞争力转向高度重视产品创新。在过于重视核心竞争力的年代，日本企业特别强调自己已经拥有的核心竞争力，结果往往是不敢踏出原有产品的雷池一步，于是核心竞争力就变成核心僵固力，缺少核心产品的创新。这样一旦核心产业受到重大冲击，企业几乎无法转型应对。因而，现在的变革不是不强调重视核心竞争力，而是不再过于重视核心竞争力，已经将重视产品创新摆在了核心竞争力之前，给予了企业经营思想的重新定位。现在，一些过去著名的日本电视机生产企业，已经开始收缩产业规模，转向开发工业用和家庭用机器人的生产建设中去了，明显地在产品创新上迈开了一大步。

二是由过于重视共识管理转向高度重视个性发展。在过去的日本企业文化管理中，家族主义是放在第一位的，家族的共识更是成为企业文化建设的追求目标。但是，这样一来，导致企业发展速度奇慢，甚至导致部分员工工作息惰，影响企业的形象和士气，根本无法应对变化极快的时代。因为形成企业共识好是好，就是需要时间磨合，不是一朝一夕可以完成的。对于企业来说，大的共识需要坚定地维护，但是处处事事都讲共识就有些过分了。所以，面对现实，日本企业也在寻求改变，不再将共识管理搞过分了，而是开始向欧美企业学习，学会尊重员工的个性发展，在企业的文化管理中增添了高度重视员工个性发展的内容，以求调动员工的生产积极性、主动性和创造性，让企业可以更加充满活力地发展，有力地跟上时代快速前进的步伐。

三是由高度重视员工权益、不太重视股东权益转向对二者权益都高度重视。日本是世界上贫富差距最小的国家之一，这与日本企业长期以来高度重视员工权益是直接相关的。但是，与此同时，日本企业不太重视股东权益，也是造成一部分日本企业发展停滞的重要原因之一。因为在这种文化意识的管理之下，股东的获利偏低，使之缺少再投资的动力，由此也就影响到企业难以实现正常发展。所以，变革的指向就是在已有的高度重视员工权益的基础上，进一步地高度重视股东权益，让股东能够更多地分享企业发展的成果，做到更好地平衡员工与股东的关系，以使企业的发展能够得到股东更加有力的支持。

四是由过于重视产品的功能和品质转向高度重视客户的诉求。日本经济腾飞之后，大大小小的企业全都高度重视产品的功能和品质，在质量上尽力做到精益求精，这本来是好事，但好事做过了头也是问题。在日本企业追求完善产品功能和提高产品品质的同时，无意中忽略了客户的诉求，造成了一定的客户不满意情况的出现。所以，日本企业认识到这一点之后，立即改正，开始高度重视客户的诉求了。可能客户需要的产品不需要太多的功能，产品功能太多了也是麻烦，而且必然增加成本，推动价格上升。日本企业文化管理的这项变革说明，企业必须服从客户的要求，而不能自行其是，即使是做好事也不行。

五是由过于重视资历与人情转为适当地重视资历与人情。过分地重视资历与人情，往往会照资历排队，讲人情造成劣币驱除良币，无法激励优秀的员工。因此，变革就必须打破过于重视资历与人情的藩篱，重新树立新的企业文化观念，适当调整企业的文化管理在资历与人情方面的偏激。现在，文化管理变革之后的日本企业基本上都能够做到适当地重视员工的资历与人情。

六是由过于注重和谐关系转为高度重视和谐关系但不过分。由于害怕企业内部发生冲突、企业出现内乱，难以开发出新的产品，影响企业的效益和发展，过去日本企业一味地强调维护内部的人际关系和谐，为此不惜牺牲一定的原则，迁就一些管理层员工的无理要求，譬如某部门经理对于豪华办公条件的要求。其实，这是不行的，企业的内部和谐固然很重要，但并不是迁就员工就能实现的。企业的经营管理必须讲规矩，只能是在员工遵守规矩的前提下追求和谐。所以，现在的日本企业文化管理已经转过来了，不再是无原则性地过于注重保持企业内部的和谐关系，而是在管理中要求高度重视和谐关系但决不过分。

（二）美国的企业文化管理变革

美国是世界第一经济体，是世界上经济最发达的国家之一，也是世界上企业文化发展最具优势的国家之一。美国的企业文化具有美国文化的显著特性：美国文化强调以人为中心，美国的企业文化注重培养员工和尊重顾客，强调产品质量与优质服务；美国文化鼓励发明创造，美国的企业文化强调企业创新，不断地创新企业的技术与管理，不断地向市场投放新的产品；美国文化讲求领导身体力行，美国的企业文化要求企业管理层走在企业前面，带领企业员工坚持公司的价值观和公司制度，有明确的企业目标和行为准则，全体员工共同为之奋斗。近年来，美国有代表性的企业文化管理变革主要体现在以下方面：

一是由主张创新转向主张追求完美。同各个国家的企业一样，美国企业讲求创新是一贯的而且是普遍的。但是，随着实践的演进和社会的发展，在新技术进步普及的基础上，美国企业已经不满足一般的创新，而是提出了要在不断地创新中追求完美。这是对企业自身更高的要求，是新的时代特征的表现。例如，美国通用电气公司是美国最强大的公司之一，在运营一切正常和资产负债良好的情况下，该公司意识到在经济全球化时代，二流的产品与服务将不可能长久地生存下去，只有那些坚持做到世界第一、低成本高品质以及在市场定位中拥有绝对优势的产品与服务，才能在市场竞争中获胜。为此，该公司改变了仅仅追求不断创新的文化理念，提出了"第一或第二"的经营战略，果断淘汰了一些虽有盈利但已过时的产品，只保留那些在市场上占统治地位的业务，要求本公司所有的事业部都要变成市场中的第一或第二，否则就将其关闭或出售，从而实现使该公司成为全球最具竞争力公司的目标。经过文化管理变革，现在这家美国企业的各个事业部都已在全球市场上居于主导或接近主导的地位。

二是由科层管理到消除界限。实施科层管理原本是美国企业的优势，但为使公司更有竞争力，在企业文化管理变革中，一些美国大企业致力于构筑无界限组织，改变公司的科层管理结构，建立更具有进取心的企业。其变革的观念和行动是化繁为简，向小公司学习，压缩规模，裁汰冗员，减少管理的层次和流程，从企业的顶层管理到最基层管理之间的管理级别减少一半，甚至将原先管理层中的二、三级部门和一些小组完全砍掉。变革后的公司实行垂直为主的矩阵式、扁平化组织管理，各事业部的领导人直接向公司总裁或副总裁汇报。最后的情况是，公司最高层领导班子只有3人，公司总部只保留人力资源、研究开发、法律、信息和财务5个职能部门，但可以非常有效地控制公司所有的重大决策。这种无边界的文化管理变革将大公司的雄厚实力、丰富资源、巨大影响和小公司的发展欲望、灵活性、富有激情较好地结合起来，消除了官僚主义的企业管理制度，激发了管理者与员工的热情，使员工从上到下共同承担责任、相互合作。同时，还有助于加强公司与客户及供货商的联系，有力地消除了公司的外部界限。

三是由严格管理到不去管理。这是一种新的企业文化管理模式。现在，美国企业的经营者对于管理的理解是越少越好，他们对管理者重新进行了定义：过去的管理者是经理，表现为是企业的控制者、干预者、约束者和阻挡者，而现在的管理者应该是领导，表现为是企业员工的解放者、协助者、激励者和教导者。不去管理并不是企业管理者可以自由放任不进行任何管理，而是强调不要陷入过度的企业管理之中，不要陷入对企业员工过度的管理之中。美国新的企业文化管理变革将管理行为界定为：清楚地告诉人们如何能够做得更好，并且能够描绘出远景构想来激发员工的努力。其文化思想的含义就是在企业里要以传达思想、分配资源，然后让开通路地激发员工工作热情的方式，允许员工有更大的自律和自由，要求员工承担更多的责任。根据这种新的企业文化管理变革的要求，作为企业不去管理的员工不得违反社会道德，要有较好的自律品质和能力。美国企业的这种不去管理的文化理念，造就了一大批优秀的充满活力的企业管理人才。

四是由领导统管到群策群力。这是一种新的管理方式，表现为企业经常性地举办面向所有员工的非正式的但常常是非常热闹的聚会，目的是集中公司内外、上下各方面智慧，培植收集并实施最好的主意。这样的文化管理方法是由企业领导提出问题，然后倾听各方面员工的意见，再经过大家的讨论，形成基本的建议。管理层经过认真考虑或修订，最终将从基层收集来的建议付诸企业实际经营行动。这种群策群力的意义在于：对企业高层管理人员来说，倾听员工的声音应该是他们必不可少的工作内容；对于员工来说，提出自己解决问题的想法是在行使自己的一种权利和责任。于是，企业里所有人的智慧、潜力和热情都能够充分地调动起来。

五是由崇尚个性到惠普文化。在美国的企业文化管理中一直是崇尚个性的，即尊重员工的个性自由和个性发展。但现在，美国的企业文化管理更进一步地倡导惠普文化，惠普文化即惠普之道，就是指企业要相信和尊重个人，包括企业员工和企业客户，而尊重员工被放到首要位置。在惠普文化中是包含崇尚个性的，只是比崇尚个性包含了更多的尊重人的含义。例如，美国的国际商用机器公司有20万名员工，是世界上最大的公司之一，在世界上100多个城市设有分公司，人称日不落公司，其业务牵涉面甚广，生产、制造技术水平居于世界前列。该公司的成就与企业文化密切相关，因为该公司强调员工应该是有相同的信念和价值观，员工之间必须讲究友善和民主。公司尊重个人，尊重个人的尊严和权利。公司要为顾客服务，给予顾客世界上最好的服务。因此，该公司的企业文化在美国被认为是企业文化的典范。再如，美国摩托罗拉公司的企业价值观是：尊重每一个员工作为个人的人格尊严，开诚布公，让每位员工直接参与对话，使他们有机会与公司同心同德，发挥出各自最大的潜能；贯彻普遍公认的——向员工提供均等发展机会的政策，为员工创造了一种健康积极的文化氛围。还有成立于1812年的美国花旗银行，历经了2个多世纪的潜心开拓，已成为当今世界规模最大、声誉最响的全能金融集团之一。难能可贵的是花旗银行十分注重对本企业人才的培养与使用，其人力资源政策主要是不断创造出事业留人、待遇留人、感情留人的亲情化企业文化氛围，让员工能够与企业同步成长，让员工在花旗能有成就感和家园感。这些都是美国新的企业惠普文化管理的体现。

（三）欧洲的企业文化管理变革

欧洲是世界上目前经济发达且适宜人类居住的大洲之一，是第一次、第二次工业革命的发生地，也是第一次、第二次世界大战的策源地和主战场。在东欧剧变之前，欧洲分为东欧与西欧两大阵营；东欧剧变之后，欧洲成为统一的欧洲。与亚洲、非洲、北美洲、南美洲不同，欧洲有统一的政治、经济组织——欧盟，也有统一的货币——欧元。欧洲的大多数国家是欧盟的成员国，尽管英国退出了欧盟，但是欧洲其他主要国家依旧维护着欧盟的统一，依旧坚持使用欧元。欧盟作为目前世界上具有重要影响的最大的区域政治、经济一体化组织，对于世界的发展、和平的实现、人类的进步，发挥着不可或缺、不可替代的重要作用。欧洲的企业是世界经济中的重要力量，欧洲的企业文化与欧洲的地域文化紧密相连，由于文艺复兴的影响，欧洲的企业文化一直具有自身显著特征的共同性，与美国的企业文化、日本的企业文化有所不同，因而，欧洲的企业文化管理也具有共同的特点，欧洲的企业文化管理变革也是具有自身地域特性的。

在世界上兴起企业文化管理之后，欧洲的企业文化管理一直注重理性管理，企业文化管理组织机构内部组织健全，管理相对集中，面对企业经营的实际讲求管理的实效，富有文化理性。因而，欧洲企业在这样的文化管理下，一般都能做到在企业员工配备上，对培训严格要求，注重精干的员工队伍建设。而且，企业内各部门职责分工明确，讲究工作效率。经营中基本上能够做到严守法律，坚守信用，一丝不苟。长期以来，在严格的企业文化管理下，欧洲企业一般都是重视企业技术研发创新和企业管理创新的，都是重视产品质量和开拓世界市场的，同时也都是重视员工培训和员工参与企业管理的。

然而，在20世纪末和21世纪初，欧洲出现了所谓的第三条道路社会思潮，即强调欧洲要走在国家干预与市场自由之间、投入与产出之间、生产与分配之间、责任与权利之间、社会与个人之间保持平衡并以此改造社会、改造人的意识的道路。随着这一社会思潮的兴起，对于企业文化的影响逐步加大，欧洲企业的文化管理也逐步发生了以下方面的变革：

一是着力通过实施新的文化管理，保持企业内部员工包括高管与普通员工的权利与责任的平衡，努力改变企业内部员工的权利与责任失衡的状态。强调企业管理要尊重股东的权利，也要尊重员工的权利，在此基础上，进行企业内部的重组和改造，以求所有员工的工作责任能够切实地落实。如此变革认为，如果不改变企业内部员工的权利与责任失衡的状态，必将严重制约企业生产效率的提高和企业效益的增长。为此，大多数欧洲企业都致力于提高股东和员工的地位和作用，推行模块管理，赋予部分员工新的工作责任，即将自己的公司改造成拥有多个既统一经营又能灵活运作于市场的小公司，使管理小公司的员工责任与权利紧密结合。由此，这些欧洲企业就可以大力削减内部管理机构，重新安排人员，以及有效地改变企业的经营范围。比如，一家著名的欧洲企业将自己经营的10个品牌产品砍掉7个，只留下能够控制全球市场的3个品牌分别由自己下属的3个公司经营，结果效益非常好。企业依据新的经营效益给管理层员工以更好的薪酬。

二是在企业文化管理中灌输更多的民主意识，鼓励更多的员工成为企业的股东，同时企业面向社会改造，积极地吸收外部投资改善企业资本结构，扩大企业生产规模。长期以来，作为工业革命的发源地，众多的欧洲企业还保留着较为浓厚的雇佣意识，即所有的企业员工都是雇佣劳动者，受资本雇佣必须忠实地为资本服务，在企业里员工缺少保护自身利益的民主权利，严重地影响了员工工作的积极性和主动性，企业更是难以依靠员工改善管理和增进效益。为此，在第三条道路社会思潮的引导下，欧洲企业开始从企业文化管理的层面进行反思，不再是强化企业员工的雇佣意识，而是有意识地增加企业的民主氛围，鼓励更多的员工加入企业股东的队伍中来，成为企业股东中的一员，使之拥有一定的对于企业经营管理的发言权，而不再仅仅是一个企业的雇佣者。如此地改变企业的股东构成，也就相应地改变了企业的文化构成，使企业有了一定的企业文化管理上的民主性，相应地淡化了员工的雇佣意识，因而更加有利于企业发展。也就是在这样的基础上，现在已有更多的欧洲企业对外开放股权，吸收更多的社会资本投入企业之中，有力地促进了企业扩大再生产。

三是有意识地开启倡导控制与激励平衡的企业文化管理模式，充分地提倡挖掘企业员工的潜在能力，以实现一种知识超越方式的管理。具有优良的传统和先进的技术的欧洲企业近年来感觉到，在经济高度发达的现时代，企业的文化管理不能仅仅是控制员工，更重要的是必须对员工进行指导和激励。尤其是对于负有一定管理责任的企业高级管理人员，如企业经理或部门经理，更是需要给予激励而不是单方面地进行管理控制，这样更有利于开创企业经营发展的新局面，带来更好的管理效率和经营效益。例如，发展极快的欧洲电话、电讯企业，随着信息技术的不断升级换代，企业一律使用多种方式和方法对员工进行激励，将员工工作上的新知识创造视为资本的投入给予一定的收益激励，对员工在技术上创新带来的企业利润让创造者可以分享，以此激励企业员工的工作积极性和创造性，既有利于企业的近期经营，更有利于企业的长期发展。如此讲求知识超越的企业文化管理变革给许许多多的欧洲企业带来直接的经济效益和更好的企业发展后劲。

四是为了更好地开拓市场,保持企业与客户之间的良好关系,实施全面协调企业与客户关系的企业文化管理变革。在以往的企业文化管理之中,欧洲许多的企业侧重于企业内部各种关系的协调,有效地化解了许多的企业内部矛盾,保持了一定的企业内部的和谐气氛,做了很多重要而细致的工作,取得了企业文化管理的显著成效。但与此同时,在企业与外部的关系方面,也显然表现出企业文化管理方面的动力是不足的。这种对于企业与外部关系协调方面的管理忽视,是不利于企业全面发展的,尤其不利于企业取得更好的经济效益。于是,在欧洲企业的文化管理变革中,将保持企业与客户关系的平衡,以利于维护客户的满意和市场的开拓,上升为一种核心管理内容,并将其新的理念付诸企业的实践。这是因为欧洲企业认识到企业的命运归根结底是掌握在客户手中的,客户的满意将最终决定企业的利润。由此一来,经过这样的企业文化管理变革,现在的欧洲企业已经不再将维护企业形象为企业文化管理的战略中心,而是特别地强调追求客户的满意度是企业文化管理的战略中心工作。

五是企业的生存战略已经由打败竞争对手转为寻求合作伙伴结为企业联盟,这是欧洲企业文化管理最为重要的一项变革。欧洲企业强调,要将市场与合作紧密结合起来,在现时代企业经营的成功需要实现合作伙伴、员工、公众、政府和投资者共同利益的统一,所以需要保持市场中的合作者之间的平衡关系。由此进行的企业文化管理变革实际上就是将企业作为复杂市场竞争体系中的一个个参与者,认为企业要得到市场利益,必须建立包括企业、客户、供应商、银行、政府有关机构、行业协会、科研机构在内的经济共同体,更有效地运用各种资源。企业的生存依赖于合作,与经济共同体的合作越好,企业的竞争力越强,这是欧洲新的企业生存文化观。

(四)中国的企业文化管理变革

经过改革开放,现时代中国的企业基本上分为两大类:一类是公有制企业,另一类是非公有制企业。2018年12月18日,习近平同志在庆祝改革开放40周年大会上的讲话中指出:"前进道路上,我们必须毫不动摇巩固和发展公有制经济,毫不动摇鼓励、支持、引导非公有制经济发展,充分发挥市场在资源配置中的决定性作用,更好地发挥政府作用,激发各类市场主体活力。"在国家的两个毫不动摇的支持下,公有制企业和非公有制企业的企业文化管理都有一定的发展,也都在发展中产生了一定的变革。

中国目前的公有制企业(实际包含着一定的尚未改革分流出去的公营企业)包括中央政府管辖的企业和地方各级政府主要是省级政府管辖的企业。近年来,这些企业一方面深化经济体制改革,另一方面进行企业文化建设,其在改革与发展之中的企业文化管理的变革主要体现在以下方面:

一是由单纯关注员工利益转为全面关注企业利益。长期以来，中国的公有制企业一直强调员工是企业的主人翁，在改革开放之后的企业文化建设中，也是坚决地维护员工利益，由此体现出公有制企业的文化特色。但是，随着企业改革的深入和由计划经济体制向市场经济体制的转型，企业在文化管理中逐步认识到单纯地关注员工利益的局限性，一方面员工只是企业的劳动主体，而劳动主体只有与劳动客体相结合，才能形成可以具备生产能力的劳动整体，企业的生存必然要依赖于劳动整体生存，所以，不可以单纯地只注重维护劳动主体的利益，即不能只是单纯地维护员工利益，企业的文化管理必须要理性地维护企业劳动整体的利益；另一方面，员工利益是包括在企业利益之中的，对于任何企业都是一样的，必须先有企业利益的获取保障，才能有员工利益的实现，如果企业利益得不到保障，那么，从根本上说，就无从实现任何的员工利益。因而，在企业文化管理的变革之中，中国的公有制企业理念已经明显地由过去单纯关注员工利益转为改革开放后全面地关注企业利益。

二是由学习借鉴外国企业的文化管理转为自主创造中国特色的企业文化管理。改革开放之后，大量的国外的先进技术和管理模式涌入中国，其中包括国外的企业文化管理的模式也进入中国，为大中型公有制企业吸收。对于中国的这些企业来说，过去根本就没有听说过还有企业文化管理这么一码事，所以，中国公有制企业的文化管理建设起步就只能是照葫芦画瓢引进外国企业文化管理模式。经过学习阶段，中国公有制企业发现，技术可以引进，但文化无法引进，不论是何文化管理模式，关键是管理的文化必须是中国的企业文化，不能是由引进外国的企业文化管理模式而将外国的企业文化也引进来。所以，最终中国的公有制企业只能是认真地研究中国特色的企业文化，将管理中国特色的企业文化作为企业文化管理变革的基本内容。

三是由不注重企业形象转化为非常重视塑造良好的企业形象。中国的公有制企业，有新企业，也有老企业，都是政府管辖的企业。改革开放之后，虽然企业发生了很大的变化，也比较重视文化建设，但是由于惯性作用企业基本上都是自视清高，自觉有政府撑腰，不太在意企业在社会和市场中的形象，因此，刚开始的中国公有制企业的文化管理尽管比较重视员工的文化生活，也积极地开展企业的文化建设活动，却没有将企业形象问题高度重视起来。然而，现在已经不一样了。一方面是市场经济体制改革的深入，企业的市场意识逐步增强了；另一方面，企业面对市场的自主经营也确实感受到了塑造和维护良好的企业形象的重要性。于是，越来越多的中国公有制企业开始在企业文化管理之中加大塑造和维护良好的企业形象的力度，舍得在这方面投资了，这已成为中国公有制企业文化管理变革的一个重要方面。现在对于这些企业来说，基本上都已经尝到了塑造和维护良好的企业形象的甜头，愿意自觉地坚守这一变革的成果。

中国目前的非公有制企业包括外资企业、中外合资企业、民营企业等政府管辖企业以外的所有企业。近年来，这些企业已成为中国特色社会主义经济建设的一支生力军，对发展国民经济发挥了极为重要的作用。这些企业的文化管理别具一格，有其不同于公有制企业的自身特色。进入21世纪之后，这些企业主要是达到一定生产规模的民营企业，其文化管理变革主要体现在以下方面：

一是由老板文化转向企业文化。一般来说，民营企业的老板，可能在企业中的职务是董事局主席、董事长，也可能是总裁、首席执行官，都是有魄力、有主见、有思想、有心计、有胆略的人。在他们创办的企业里，他们往往是一言九鼎，说啥是啥。所以，很多的民营企业刚刚接触企业文化管理时，老板的文化就代表了企业文化、老板的意志就是企业的意志。可以说，在企业的文化中，企业领导人的认识是极为重要的组成部分，或者说是灵魂所在。但是，作为现代企业，即使是民营企业，也要具有对于员工的凝聚力，而不能是领导专权独断，尤其是在企业文化的建设上，更应该使每一个员工都成为参与者，而不能只是一个个的执行者。所以，经过岁月的磨炼和筛选，现在依旧能够存活下来的民营企业，大都认识到不可以老板的文化代替企业文化。企业不仅仅是资本的构成，更重要的是有员工的存在，员工是企业最宝贵的财富，必须是企业文化的创造者。如果民营企业不能充分发挥每一个员工的文化作用，那么对于企业的生存和发展必定是致命的缺陷。

二是由对员工物质奖励为主转为物质奖励与精神奖励并重。中国改革开放之后，非公有制企业得以出现。在最先建立的民营企业中，与当时的公有制企业不同，是很注意对于员工进行物质奖励的，这样的物质奖励也就成为当时的民营企业文化管理的重要内容。但是，随着改革的推进和企业的成长，这些民营企业渐渐地认识到，作为一个有文化的企业，仅仅对员工进行物质奖励是远远不够的，必须在物质奖励的基础上跟进精神奖励，才能激励员工的工作积极性和创造性，增强企业的凝聚力，实现企业的奋斗目标，维护企业的生存与发展。因而，现在与过去不一样了，民营企业也不是只讲物质奖励了，在许多民营企业的文化管理之中，除了对员工进行必要的物质奖励之外，都增添了精神奖励的内容。民营企业一样也评选自己企业的劳动模范、先进生产者和技术能手，也给予一部分员工优秀员工的称号。当然，随着各种精神奖励的具体实施，各种物质奖励同时兑现，体现出新的企业文化管理格局。

三是由企业老板负责企业文化管理转为企业党委书记负责这项工作。在中国，中国特色社会主义的最本质特征就是党领导一切。因此，中国的民营企业的最大特色就在于几乎每个企业都建立了党组织。原先,即开始实施企业文化管理时,一般都是由企业老板直接抓这项工作的,老板们总是尽心尽力地为搞好企业的文化管理工作殚思竭虑,直至企业的文化管理发挥出应有的作用。但是,现在的民营企业负责企业文化管理的人变了,一般都变成了企业的党委书记。这些书记也是很辛苦的,事无巨细都要管,这也成为当前民营企业文化管理变革最为明显的一个特征。在党委书记的直接领导下,中国民营企业的文化管理工作越来越规范,也越来越有活力。从组织企业的文化活动,到出版企业的报刊,中国很多的民营企业的文化环境令人叹为观止,相当的不错。这样,更好地发挥了党委书记在民营企业里的作用,也保证了民营企业在建设中国特色社会主义现代化强国的进程中能够更好地发挥企业文化管理的作用。

二、现时代的企业文化管理共性变革

从世界的范围来讲,现时代的企业包括各个国家或地区的各行各业企业,这些企业中有正在改革深化的社会主义企业,也有国家资本主义企业,还有众多的私有制企业,其共同点在于基本上都采用了股份制企业形式。在现时代,这些企业的文化管理变革有特性也有共性。在对日本、美国、欧洲和中国的企业文化管理变革的特性进行分析之后,将对现时代世界各个国家或地区企业文化管理变革的基本共性做以下阐述。

(一)企业文化管理已形成初步理性化的制度管理

可以明确地讲,在现时代,全世界各个国家或地区企业文化管理变革的第一个共性就是基本上都实现了初步的理性化的制度管理。不论是在发达国家,还是在发展中国家,都是一样的,即在几乎所有的国家或地区,都迈过了企业文化管理的初始的感性管理阶段,进入了初步理性化的制度管理阶段。这标志着在全世界的范围内,现时代的企业文化管理开始走向成熟。

在现代市场经济条件下,企业制度是现代企业的精髓,实施制度管理是企业管理的既定目标。对于成熟的企业来说,不论做什么事,一定要先建立好制度及标准化的作业流程,没有制度的一定要制定制度,有了制度的一定要完善制度。在企业运营过程中,一旦出现问题,先要考虑是否是制度有问题,然后再考虑其他因素。初始的企业文化管理是没有制度的,表现为自发的感性管理,即使是最先产生企业文化管理的日本企业,也是没有相应的制度设立的,干什么全凭感觉,由企业领导人说了算,包括日本特色的年功序列制和终身雇佣制也都是后来的总结,并未在一开始就形成制度。美国也是一样,并不是先有了企业文化管理制度,才有企业文化管理的,实际都是先有感性的企业文化管理,后来才形成企业文化管理制度的。欧洲企业的文化管理也是先靠特有的欧洲文化起步的，完全是感性管理的起步，产生理性的制度管理也都是现时代的事情。由没有制度慢慢地走向有制度，这是世界上各个国家或地区的企业文化管理走过的共同的由不成熟发展到成熟的过程。

没有制度的企业文化管理是朴素的、感性的，但也是不成熟的、难以保证管理成效的。比如，一位企业家慷慨激昂地对员工讲了一通他对企业发展愿景的认识，很有震撼力和感染力，使听到演讲的员工无不为之感动，只是这样的讲话讲过也就消失了，员工感动之后也就不感动了，缺乏深入的影响和有目的的宣传，更没有文字材料的留存，很难保证这位企业家关于企业发展愿景的思考能够引起企业员工的共鸣，更不用说能够转化为企业员工共同的对于企业发展愿景的认识了。其实，要求企业员工取得关于企业发展愿景的共识是需要相关制度管理保障的，在没有制度的前提下，企业家的努力往往事倍功半。再如，有一家企业为员工开展文化活动，组织了一批一线员工乘飞机去外地旅游，但这次活动是领导随意安排的，既没有计划性，也没有制度保证，所以，尽管去旅游的员工都很感动，因为他们中间很多人从来没有坐过飞机，也没有住过星级宾馆，更没有如此休闲过。但是，他们去也就是去了，对于他们的情感触动并不大，对于没有去的员工影响也并不大，对于这次活动所能产生的企业文化效果几乎没有。关键就在于这不是固定制度安排的活动，去的员工并不领情，而未能去的员工更是感受不到企业的良苦用心。

同企业的其他方面的管理一样，必须做到制度管理，企业的文化管理才能规范，才能更好地发挥长久的作用。因为制度管理是理性的管理，是有成文规定的管理，是能够对管理工作产生规范的约束力作用的，没有制度管理就没有工作的约束，也就没有工作的基本保障。在实际的企业文化管理中，不论是什么工作，都不能仅仅是靠管理者个人的人格魅力去完成工作，必须要靠管理制度，只有制度完善才能更好地开展工作和规范管理，企业才能从文化管理中受益。企业文化管理制度应当是透明而公开的。在应有的制度管理下，企业的文化管理就可以做到程序化和规范化，这样就能有利于员工稳妥地掌握自己企业的文化精神，有利于员工与员工之间、部门与部门之间、上级与下级之间进行有效的人际沟通，形成必要的企业共识和合力，而使企业内部之间的矛盾或摩擦降到最低。也就是说，企业的文化管理只有成为制度化的管理，达到各个方面都能做到按制度办事，才能更好地发挥企业文化管理的应有作用。正因为如此，世界各个国家或地区的企业文化管理的变革才共同走向成熟，走向规范的制度管理。

（二）企业文化管理已提升为企业管理的最高境界

在现时代，世界各个国家或地区企业文化管理变革的第二个共性是基本上已将企业文化管理提升为企业管理的最高境界。本来，企业文化管理只是企业管理的一个部分，现在已经将这个管理部分提升到企业管理的最高层次，提升到统领企业各个方面管理的最高境界。概括地讲，现代企业管理有5大要素：企业文化、企业战略、奖惩制度、管理创新、学习培训。最为关键的是现时代的企业已经普遍认识到，企业文化是最重要的管理要素。

自工业社会形成以来，企业管理经历了3个发展阶段：经验管理阶段、科学管理阶段、文化管理阶段。

在经验管理阶段，一般企业规模较小，企业员工不多，所有员工的工作都可以在企业管理者的监管之下，因此，企业管理主要依靠专门的管理人员。企业管理的前提是经济人假设，认为人性本恶，天生懒惰，不喜欢承担责任，员工的工作是被动的，所以企业的管理方式是以外激为主，对员工的管理就是胡萝卜加大棒，对生产也是靠经验控制，主要是控制员工的行为。

在科学管理阶段，企业发展的规模大了，仅靠人治不行了，所以要把人治变为法治，但是企业管理对人性的认识还是以经济人假设为前提，认为必须要靠规章制度来管理企业。企业对员工的激励和控制还是外部的，通过惩罚与奖励来促使员工工作，员工因为期望得到奖赏或害怕惩罚而工作，并且员工必须按企业的规章制度去行事，在企业管理者的指挥下工作，企业管理主要是管理生产的过程和员工的行为。

在文化管理阶段，也就是现阶段，进入了以企业文化管理为核心的企业管理发展阶段。在这一阶段，不论企业的规模大小，管理的前提都是社会人假设，认为人性本善，人是有感情的，喜欢接受挑战，愿意发挥主观能动性，积极向上。这样，企业管理需要建立以人为本的企业文化，实现企业的亲情化、友情化、温情化管理，通过人本管理来实现企业的目标。在文化管理阶段，企业并不是没有经验管理和科学管理，科学管理是实现文化管理的基础，经验管理也仍然是必要的。有人认为，文化是企业管理的软件，制度是企业管理的硬件，二者是互补的。只是由于社会发展到了高科技时代，每个人都更加重视实现个人的价值，所以现阶段对人性的尊重显得更为重要。因此，企业管理必须要做到以人为本，以对员工的文化管理为企业管理的最高境界和层次。

目前看来，在现代市场经济条件下，总是有不少的企业生存不下去，破产倒闭。这些企业破产的原因都是具体的，有方方面面的原因，但是，概括地说，他们的企业破产原因只有一个，就是企业的文化管理不力，没有将企业文化管理置于企业管理的最高层次，没有发挥出企业文化管理对保障企业生存的根本性作用。这些破产企业的下场是极其可悲的，没有企业家愿意走到那一步。所以，在现时代，不论是在世界的哪个角落，企业基本上都认识到了企业文化管理的重要性，都在努力地提升自己的企业文化管理能力，努力地将企业文化管理提升到企业管理的最高层次，努力实现自己企业管理的最高境界。因而，将企业文化管理提升为企业管理的最高境界，成为现时代世界各个国家或地区企业文化管理变革实现的共同目标。

三、现时代企业文化管理的共同发展趋势

在现时代，走向未来的企业文化管理的发展根据是企业文化的发展，企业文化的发展根据是人类社会文化的发展，人类社会文化的发展根据是人类社会的发展，而人类社会的发展是由人类劳动的发展决定的。人类劳动的发展从根本上决定人类社会发展的一切。因此，根据现时代人类劳动的发展和人类社会的发展，在现时代可以预见的视域中，走向未来的世界各个国家或地区的企业文化管理的共同发展趋势主要体现在三个方面：第一个方面是越来越浓厚地凝聚着现代市场经济意识；第二个方面是将由人性文化管理走向狼性文化管理；第三个方面是人工智能将介入现代企业文化管理之中。

（一）越来越浓厚地凝聚着现代市场经济意识

在现时代，人类社会的发展已进入现代市场经济发展阶段。全世界所有的国家或地区都在走充满生机和活力的现代市场经济之路，无一例外。因而，随着现代市场经济的蓬勃发展，不论是哪一个国家或地区都一样，企业文化管理发展趋势都将是越来越浓厚地凝聚着现代市场经济意识。

现代市场经济同传统市场经济一样是市场经济。市场经济不是与计划经济相对立的，计划经济不是一种社会经济形态，国民经济的运行中有国民经济计划的存在就是计划经济，而市场经济则是一种社会经济形态。人类社会一共经历了3种社会经济形态：自然经济、商品经济和市场经济。市场经济不同于自然经济，也不同于商品经济，是商品经济发展之后出现的新的社会经济形态。

自然经济的特征是不存在市场交易关系，劳动者的生产资料是自有的，劳动者生产出来的劳动成果是自用的。

商品经济的特征是存在一种市场交易关系，即劳动成果市场交换关系。商品经济中生产劳动成果的人或组织的生产资料也是自有的，只是他们的劳动成果除了自用以外还有一部分是用于交换的，或是全部劳动成果都是用于交换的。问题是，只要有了部分的劳动成果交换，人类社会就进入了商品经济时代。

市场经济的特征是存在两种市场交易关系，即比商品经济多了一个生产要素市场，这是市场经济与商品经济相比的根本不同之处，也是市场发展的结果。这就是说，在商

品经济条件下，只存在劳动成果交换市场，而出现生产要素市场之后，人类社会就从商品经济时代进入了市场经济时代。

可以明确地讲，市场经济与商品经济的不同就在于商品经济不存在生产要素市场，而市场经济存在生产要素市场。经济学所讲的市场经济是通过市场配置资源，指的就是通过生产要素市场配置资源。如果只有商品交换市场，没有生产要素市场，那就只是商品经济，只能是生产者通过市场实现各自的劳动成果的交换，而无法实现通过市场进行生产上游的资源配置。因此，树立市场经济意识，必须高度重视生产要素市场的建设，高度重视发挥生产要素市场的作用。

只要是市场经济就拥有生产要素市场，但在传统的市场经济中，生产要素市场还没有高度发达，而现代市场经济中的生产要素市场已经高度发达了，其中最为重要的是资本市场高度发达。因此，与传统的市场经济相比，现代市场经济的发展主要表现在3个方面：一是建立了高度发达的资本市场，资本市场已经证券化了，形成了高度发达的证券市场；二是在资本市场高度发达的基础上，科学技术已经高度发达了，人类社会进入网络化、智能化时代，高度发达的工业经济社会将在高智能的知识劳动的推动下发展为知识经济社会；三是在科学技术高度发达的基础上，社会生产力的发展达到前所未有的高水平，致使社会经济已由生产约束型经济转变为市场约束型经济，即社会生产能力无限、市场需求有限、企业的生产规模由市场订单决定。现代市场经济的这3个方面的发展将越来越强烈地影响着全世界各地企业的经营和企业的文化，使各个企业的文化管理越来越浓厚地凝聚着现代市场经济意识，以此可使企业通过这种意识的增强更好地融合到现代市场经济的发展之中，更好地利用资本市场，更好地创新生产技术，更好地开拓产品市场。

（二）将由人性文化管理走向狼性文化管理

就全世界的范围讲，未来的企业文化管理还将呈现出一种由人性文化管理走向狼性文化管理的发展趋势。这是由于21世纪哲学社会科学的发展使人类更清楚地认识到自身具有的动物性和社会具有的动物性，在文化建设上更具有理性，由此推动了全世界各地的企业文化管理能够由模糊的不确切的人性文化管理走向真切的狼性文化管理。

关键是人类具有动物性。动物性就是指动物的生存方式在人类社会的延续。自人类起源时就有动物性，至现时代人类仍然具有动物性。既然有动物性，那么在人类社会就必然保留有一定的丛林法则，弱肉强食，腥风血雨，这在今天的战场上和市场竞争中依然醒目地体现着。所以，长期以来在人类的文化中只讲人性文化是片面的，不是对人类文化的全面认识；在企业文化管理中只讲企业人性文化管理是不确切的，不是对企业文化的全面而深刻认识，即没有认识到动物性的真实存在。

尽管认识到有动物性存在，企业的文化管理将发展为狼性文化的管理，但是这种狼性文化管理并不是要将企业员工都变成狼。当然，狼性就是动物性。认可狼性和狼性文化，只是讲社会是带有动物性的，社会文化是带有动物性的，不可对这一点缺乏认识，想当然地片面地只讲人性管理美好的一面。要知道，狼性文化是现实社会的文化构成，现实社会有动物性存在，因此，具有狼性是强者而不是弱者。按照丛林法则，按照物竞天择、强者生存的法则，现代企业需要狼性文化，这是对企业能够存活的一个基本的理性要求。在企业文化管理中，兴起的狼性文化指的是企业文化管理必须要凝聚的一种带有野性的拼搏精神。狼性的野、贪、残、暴，都应在企业狼性文化中得以体现。企业狼性文化中的野，便是指在工作中、事业开拓中不要命的拼搏精神。企业狼性文化中的贪，便是指对工作和事业孜孜不倦地追求，即对工作、对事业要有像狼一样的贪性，永无止境地去探索。企业狼性文化中的残，便是指对待工作中的困难要一个个地毫不留情地把它们克服掉、消灭掉。狼性文化中的暴，则是指在工作的逆境中，要坚忍粗暴地对待一个又一个难关，不能面对难关表现仁慈。现代企业需要狼性文化，但这种狼性文化又是有限度的，即有狼性而不违法是底线。在法律的允许下，企业可以发扬各种各样的狼性文化。而且，每一个员工都必须认同自己就职企业的狼性文化。贯彻狼性文化，企业领导人只能做披着狼皮的羊，不可做披着羊皮的狼。可以说，狼性文化不是鼓励企业胡作非为，而是要企业能够在合法的竞争中成为强者。企业一旦认识到社会存在动物性，必然自觉地去接受狼性文化，构建自己企业的狼性文化管理。

现在，比较强势的企业基本上都已经走向了狼性的企业文化管理之路。世界著名的华为公司就是典型地贯彻企业狼性文化管理的企业。华为的掌门人任正非深刻认同狼性文化，他说，烧不死的鸟就是凤凰。狼性文化深刻塑造了华为员工坚韧拼搏、永不言败的奋斗精神。这种精神，令他们在新领域披荆斩棘，无往不利。华为企业文化中的所谓狼性，就是极度敏锐的嗅觉、强烈的目标导向、不达目的不罢休的精神、为达目的不择手段的狠辣、达不成时毫不留情的问责。正是由于有这样的狼性文化，今天的华为才能成为中国企业的榜样和世界企业的翘楚。

（三）人工智能将介入现代企业文化管理之中

人工智能，英文缩写为 AI，是研究、开发用于模拟、延伸和扩展人类的智能的新技术学科。人工智能是计算机科学的分支学科，其研究包括机器人、语言识别、图像识别、自然语言处理和专家系统等。严格地讲，人工智能是自然科学和社会科学交叉的边缘学科，涉及哲学和认知科学、数学、神经生理学、心理学、信息论、控制论、不定性论等学科。自学科诞生以来，人工智能的理论和技术日益发展，应用领域不断扩大，未来将会成为人类智慧的工具，可以对人的意识、思维的信息过程进行模拟，可以像人类一样思考，甚至可能超过人类的智能。因此，未来人工智能必将进入企业管理领域应用，成为推动企业文化管理发展的一项基本技术。

随着人工智能的发展，现代社会的许多行业都发生了改变。从最开始的自动售卖机到后来的无人商店、无人驾驶以及无人餐厅，无人经营不断出现在现代社会的日常生活中。但是，这些人工智能的应用都是极为次要的，不仅无法代表人工职能的发展方向，而且其应用的实际意义也不是很大。像日本的无人餐厅里用机器人当服务员，为顾客端菜送饭，让人有新鲜感，却并无实用价值，费了半天劲的高科技只不过代替了一个简单的服务员工作。将来，发展人工智能，一方面要高端化，另一方面必须要有实用价值。人工智能介入企业文化管理之中，就具有很高的实用价值。关键是可以利用人工智能技术手段研究企业的文化战略和企业员工的思维意识，有助于帮助企业完善文化管理制度和增强企业对员工的凝聚力，使企业可以更好地掌握员工的思想动态，使员工对企业可以有更好的归属感。人工智能完全可以在企业文化管理之中大显身手、大有作为。迎接人工智能时代的到来，必然是现代企业文化管理需要积极应对的一项重要课题。

企业文化管理变革是现时代企业管理变革的一个最为重要的方面，其特性的表现是多元化的。深受世界赞誉的日本企业文化管理，其变革主要是弥补以往不足的变革，即已由过于重视核心竞争力转向高度重视产品创新，已由过于重视共识管理转向高度重视个性发展，已由高度重视员工权益、不太重视股东权益转向对二者权益都高度重视，已由过于重视产品的功能和品质转向高度重视客户的诉求，已由过于重视资历与人情转为适当地重视资历与人情，已由过于注重企业内部和谐关系转为高度重视和谐关系。突出强调以人为中心的美国企业文化管理有代表性的变革是更上一层楼的管理进步，即由主张创新转向主张追求完美，由科层管理发展到消除管理组织界限，由严格管理发展到不去过多管理，由领导统管一切发展到依靠群策群力办企业，由崇尚个性发展到形成惠普文化。在新的第三条道路社会思潮的影响下，欧洲企业文化管理的主要变革则是，通过文化管理保持企业内部员工包括高管与普通员工的权利与责任的平衡，改变企业内部员工的权利与责任失衡的状态；灌输更多的民主意识，鼓励更多的员工成为企业的股东，同时企业面向社会改造，积极地吸收外部投资改善企业资本结构，扩大企业生产规模；有意识地开启倡导控制与激励平衡的企业文化管理模式，充分地提倡挖掘企业员工的潜在能力，以实现一种知识超越方式的管理；为保持企业与客户之间的良好关系，实施全面协调企业与客户关系的企业文化管理变革；企业生存的战略已经由打败竞争对手转为寻求合作伙伴结为企业联盟。中国公有制企业的文化管理变革主要表现为，由单纯关注员工利益转为全面关注企业利益，由学习借鉴外国企业的文化管理转为自主创造中国特色的企业文化管理，由不注重企业形象转化为非常重视塑造良好的企业形象。中国非公有制企业的文化管理变革主要是，由老板一人的文化代表企业文化转向全体员工共同建设企业文化，由对员工物质奖励为主转为物质奖励与精神奖励并重，由企业老板负责企业文化管理转为企业党委书记负责这项工作。

在现时代社会进步的驱使下，世界各个国家或地区企业文化管理变革的第一个共性表现为基本上都迈过了企业文化管理的初始的感性管理阶段，进入了初步理性化的制度管理阶段，对于各自企业的文化都已制定有明确的管理制度，都已经实施了有制度规定和安排的管理。第二个共性是基本上已将企业文化管理提升为企业管理的最高境界，即由企业文化管理统领企业管理的各个方面。这标志着在全世界范围内，现时代的企业文化管理开始走向成熟。

现在，可以确定的走向未来的世界各个国家或地区的企业文化管理的共同发展趋势主要有3个方面：一是不仅树立超越商品经济的市场经济意识，而且越来越浓厚地凝聚着不同于传统市场经济的现代市场经济意识；二是将由模糊的不确切的人性文化管理走向真实的现代社会企业生存需要的狼性文化管理；三是现时代最具代表性的高科技的人工智能将介入现代企业文化管理之中，为企业管理的最高境界增添智能化的翅膀，以更好地促使企业跟上时代发展的大潮。

第四节　互联网企业文化管理

一、互联网环境下的企业文化管理

当前我们处于信息社会中，也正是由于互联网技术的快速发展，使得当前很多的行业在经营管理中都发生了相应的变革。互联网使人们的生活习惯产生了很大的变化，对于企业职工来说，互联网改变了其生活空间。在信息时代，企业的部分内容都是共享的，这就在很大程度上提升了信息管理的对称性。互联网在很大程度上打开了职工的眼界，拓宽了其思维，因此在这种环境下，企业员工就对思想层面有了更高的追求，这也使新时期下企业文化的创新是非常必要的。

企业的文化对其自身的发展具有积极的促进意义。相关的文化也只有在不断变革中更新，才能够不断适应新环境，不断为企业保持竞争力贡献价值。在信息时代下，企业的文化管理的模式也产生了相应的变化。对于企业来说，自从企业诞生的第一天开始，企业文化就如影随形，但是企业文化是随着周围环境以及管理者的相关策略而不断发生变化的，决策者要能够有效结合企业实际的需要以及职工的工作情况，在互联网环境下实现企业文化管理工作的创新。

二、互联网环境下企业文化管理的创新

互联网技术的快速发展推动着企业在管理层面上的巨大变革，不论是在管理内容上还是管理模式上都产生了一定的影响。当然互联网的快速发展给企业的管理带来的不都是积极的因素，因为信息技术就像是一把双刃剑，我们要能够考虑到其为企业管理带来的一些消极因素，并且通过激浊扬清、扶正祛邪，才能不断保证新时期下企业文化管理的有效创新，为企业的发展奠定坚实的基础。

（一）建设更加优质的企业文化

在实现企业文化管理创新之前，我们应当明确互联网的特点以及其为企业员工带来的具体改变。对于员工来说，互联网技术在实质上满足了员工的物质需求，比如可以通过网上购物或者社交平台聊天等来满足生活与工作中的基本需求。对于企业的发展来说，企业文化是非常重要的，要能够借助互联网来弥补企业员工在工作与生活上的需求。传统的企业文化管理目的都是十分明确的，也就是为了保证正常经营，进而促使企业更好地创造价值。但是企业文化的建设还是需要员工参与其中，能够让企业文化不断满足员工的自身发展以及逐渐增长的个性化的精神需求。企业文化的建设与员工的工作与生活息息相关，能够融入一些理性和感性因素。要能够以优秀的文化调动企业员工的工作积极性，因为对于企业的发展来说，员工才是最基本的组成，也是促进企业发展的主体内容，因此要能够在企业文化建设与创新的过程中，使之更加接近真实生活的体验，能够借助互联网上一些资源的优势来不断满足员工精神上的个性化需求。

（二）将职工与企业文化建设有机融合

文化对于一个国家的发展来说就是重要的软实力，对于一个企业的发展来说也是相当重要的。当前随着信息技术的快速发展，某些行业的竞争是非常残酷的，而想要在残酷的竞争中脱颖而出，企业自身就需要具备更加深厚的文化。对于整个企业以及企业员工来说，文化就是他们共同的精神家园。企业文化能够给员工以正确的引导，并且带领其走向正确的价值追求取向，在很大程度上可以作为员工的精神寄托而存在。企业的建设不仅是相关的管理者必须重视的内容，更要求每一个员工都融入其中，因为很多时候

企业文化并不是刻意创造出来的，而是随着企业员工在协作中不断铸造的。当前处于信息时代，快节奏的生活与工作会让很多人找不到归属感，而在浓厚的企业文化中就不会出现这种现象。在企业中，员工不仅能够通过工作来为前者的发展创造更大的价值，还能够在其中找到精神归宿，并且通过团队的合作也能够寻求一定的生活乐趣。当然，对于企业员工的一些精神追求或者审美价值观念等也都需要予以足够的重视。此外也可以多开展一些文化活动，来改善常规的工作环境，丰富员工的工作环境，陶冶他们的情操。通过让员工参与到企业的文化管理中，也可以让企业中每一个员工都能更好地贡献自己的价值，这样也能够更大地调动员工的工作积极性，使企业的文化管理工作的开展更具有效性。

（三）推进企业文化管理方式革新

在新时期下提高企业文化管理的质量，还应该重视在管理方式上的变革。信息技术的快速发展为企业文化的管理带来了很多的机遇。互联网的快速发展也使企业的文化管理模式的变革越来越紧迫，需要相关的管理者努力抓住机会，有效借助互联网的优势来实现更加优质的企业文化管理。相关的管理者要重视企业的组织结构以及运营方式，结合企业中的不同因素予以管理方式上的改革。互联网的到来使得当前市场上的关系发生了很大的变化，用户成为市场的主体，并且这一现象也给一些传统企业的发展带来了很大的挑战，尤其是对于那些传统的管理方式，要求一些企业能够自上而下发生更加深刻的管理方式上的变革。企业的管理者一定要具有更加广阔的视野，能够洞悉在相关行业的市场的细微变化，并且有效运用当前的信息资源，借助互联网来不断变革管理，并且实现企业文化管理质量的有效提高。

（四）有效融合"互联网+"和 6S 管理

在互联网环境下，企业还应该实现 6S 管理与网络平台有机结合。在当前企业的基层管理中，主要就是通过 6S 管理手段来开展的，但是当前很多的管理体制都限制了 6S 管理存在的一些优势。

在互联网时代，很多东西都在改变，尤其是在市场上，如果一些企业在管理以及经营等方面不做出适当变革，那么就无法更好地适应社会，也会逐渐被社会所淘汰。在企业文化的管理与建设中，要能够更有效地突出人的地位，并且积极吸收员工参与企业文化的建设，以充分调动员工的创造力与工作积极性。能够以更新的互联网思维来不断因势利导，使用互联网中的优势资源对企业的文化进行有效建设，进而保证员工在企业文化共同体中能够更好地贡献自身的价值，企业也能够得到长足发展。

第五节　核心竞争力导向的企业文化管理

作为企业经营的软资源，企业文化如果具备了有价值、稀缺、难以模仿这3个特点，那么就可能成为可持续竞争优势的来源。契合本企业内部情境（由该企业的员工特点、创业者和主要领导者、企业历史、产权特征、地域文化、组织资源等要素构成）的文化是路径依赖的、难以模仿的，因此也可能成为企业核心竞争力的来源。企业文化由可能成为到实际成为核心竞争力不是自然形成的，而是企业在市场竞争环境中为谋求生存和发展，采取有意识的企业文化管理策略促成的。探索企业在构筑核心竞争力、取得可持续竞争优势的目的指引下，如何选择适宜的企业文化管理策略，推动企业文化成为真正的核心竞争力，或成为其他核心竞争力要素的支撑力量，具有非常重要的现实意义。

XY公司历经60多年的发展历程，成为一家现代化卷烟制造工厂，占地面积超过1000亩，员工1500余人，总资产108亿元，具有超过100万箱卷烟生产能力，名列中国制造业500强。自2009年以来，XY公司围绕国家局企业文化建设纲要和省公司企业文化体系要求，以创建"优秀卷烟工厂"为目标，成立了由总经理亲自挂帅的企业文化领导小组，以及党委办公室牵头，30名干部、职工组成的企业文化工作小组，历时5年，通过在公司、部门、班组、岗位各个层面树立行业共同价值观，宣传贯彻中烟文化理念，经过系统规划、全面宣贯、稳步推进、深入落实4个发展阶段，公司上下充满了浓厚的文化管理氛围，形成了适应企业发展需要的部门、班组和岗位文化体系，企业文化呈现出勃勃生机，成为行业和地方企业文化工作标杆单位。

一、概念界定

（一）核心竞争力

Prahalad和Hamel认为，核心竞争力是多种技术与技能复杂而完美的综合，对手可以模仿其中部分技术或技能，但无法完整复制其内部协调与学习的综合模式。核心竞争力是组织中的积累性知识，特别是可以协调不同的生产技能和有机结合多种技术流派的知识。核心竞争力是企业可持续竞争优势的来源，具备扩展性、贡献价值和难以模仿的特点。Barney认为，能带来可持续竞争优势的企业资源的难以模仿性，源于特定的历史条件、因果模糊性和社会复杂性（如人际关系、文化和口碑）。笔者认为，核心竞争力是在特定的时代背景和市场环境下，企业为赢得顾客，创造卓越的组织绩效，在提供产品和服务的过程中，逐步积累形成的具有行业领先优势、难以模仿的价值创造系统。

（二）企业文化

迪尔和肯尼迪认为根深蒂固的传统和广为接纳与共享的信念是企业文化，由企业环境（竞争对手、顾客、政府影响等）、价值观、英雄人物、礼仪和仪式、文化网络组成。Sehein认为企业文化的外在表现是企业的价值观、共同信念、团体规范等，内在本质是企业员工共同拥有的更深层次的基本假设和信念。这些假设和信念是团体在处理外部环境中的生存问题和内部聚合问题的过程中不断学习形成的，会随着新的实践发生变化并得到发展，并且还会无意识地产生作用。科特和赫斯克特认为企业文化包括多数成员拥有的价值观念和行为规范。刘孝全认为四层次（精神文化、制度文化、行为文化和物质文化）是企业文化之形，是从空间结构静态地分解企业文化的构成要素；人的理性（意识、思维、观念、智慧）、感性（感受、情感、意志、精神）和人的习性（动机、能力、规矩、艺术）是企业文化之道，是从时间变化动态地分析企业文化的演变规律，简称三性十二元。企业文化会由内而外地在企业产品中体现出无形的精神理念和有形的物质形态。企业需要综合考虑时代背景、员工素质和需求、企业高管的思想观念、企业整体发展趋势以及企业内外部重大事件等诸多因素对企业文化理念进行不断调整。企业文化管理实践表明，三性十二元是更接地气的企业文化内涵，因此，本节采用这个定义。

（三）企业文化管理

黎永泰认为企业文化管理的思想产生于以人为中心的新经济时代。企业文化管理的制度涵盖文化意义符号、企业文化沟通、文化氛围、企业文化遗传4方面。企业文化管理的方法包括人性管理、文化渗透、文化整合、注重精神修炼4种。代兴军认为企业文化管理就是企业为提升自身价值，立足企业经营管理总体目标，根据企业文化的内在规律和特点，系统、主动地对企业文化实施管理的过程。企业文化管理的对象是整个企业；以提升企业价值为根本目标；需要全员参与；具有长期性和连续性。企业文化管理的核心内容是围绕企业基本假设的管理行为，包括基本假设的适当性管理和一致性管理2个方面。谢雄标提出企业文化管理体系构建的步骤和方法，包括企业文化及企业文化管理评析、企业文化管理体系的策划、企业文化管理制度的制定及其他制度的修订、企业文化管理体系的试运行、评审与改进。张勉认为企业文化管理是企业文化管理主体以塑造和发展优秀的企业文化为核心管理目标，以企业文化为基本管理客体，所实施的一系列管理活动和管理过程。根据管理过程的戴明环原理，笔者认为，企业文化管理是PDCA循环的过程，在经营战略驱动下，围绕构筑核心竞争力的目标文化，由企业一把手倡导、分管领导牵头、职能部门落实和全员参与，自觉地进行企业文化的建设、传播、应用和改进的过程。

二、核心竞争力导向的企业文化管理理论与实践

（一）突出核心竞争力的企业文化建设策略

企业文化建设是企业文化管理过程的初始阶段，目标是建立支持企业健康可持续发展的企业文化体系，即打造以企业文化为内核的核心竞争力。首先，要进行企业文化现状诊断。运用企业文化量化测评工具，通过访谈、问卷调查、在线测评等数据收集方法，获得来自各部门和岗位员工的定量和定性资料，借助企业文化三性十二元模型，分析企业文化对核心竞争力的助力点和阻力点，评估企业文化管理工作的着力点和薄弱点，提出有的放矢地改进建议，为企业文化管理提供科学依据。其次，制订企业文化发展规划。全面分析支撑企业核心竞争力和未来发展战略所需要的文化方向，系统梳理高绩效导向的企业文化管理工作的方法和措施，制订未来3~5年企业文化发展规划。最后，提炼优化企业文化体系。在明确企业文化与经营战略的内在联系基础上，建立突出核心竞争力、促进企业绩效提升的企业文化体系，既要发掘、传承企业发展历程中形成的优良传统，又要吸收、倡导企业战略转型需要的文化要素。

为充分激发干部、员工积极献计献策，认真研究和解决实际工作问题，XY公司组织了10场510人次40多个小时的企业文化测评活动，公司中高层干部和40%的员工参与了此项活动，围绕共同话题，大家敞开心扉、各抒己见、畅所欲言，最后通过现场测评结果和专家的经典点评，以企业文化量化分析查找企业短板。企业文化测评活动拓宽了大家的视野，提升了战略思维、创新思维、辩证思维的能力，对企业核心竞争力的认识达成共识，准确定位了企业发展战略目标。

XY公司结合自身实际，通过自上而下的方式，主动地层层分解，将行业文化和省公司文化落实到公司、部门、班组及岗位上，建立了公司、部门、班组和岗位文化体系，形成了岗位支撑班组、班组支撑部门、部门支撑公司、公司支撑中烟文化的自下而上、层层自觉支撑的"用"文化模式。例如，卷包车间的卷接机岗位提出了"让包装成为一门艺术"的岗位使命，有力支撑了卷包车间"卷出品味，包出品牌"的部门使命。"卷出品味，包出品牌"的卷包部门使命则是"用品质为品牌增品味"的公司使命的直接分解和支撑，公司使命是中烟使命的具体化。

（二）展示核心竞争力的企业文化传播策略

企业文化体系集中体现在《企业文化手册》的文字中，要使这些文字真正影响员工，从入脑、入心到入手，还需要化的功夫——企业文化传播起到教化的作用。一方面，要结合企业员工特征、工作特征、领导风格、沟通习惯，形成高效的企业文化精准宣传方

案,通过故事化、艺术化的手段,让企业文化通俗易懂、广为传播,达到化育人心的目的;另一方面,将企业文化嵌入各项经营管理工作中,摆脱企业文化和经营管理两张皮的局面,即在宣传中紧密结合经营管理工作,迅速形成符合企业发展需要、支持公司战略目标和举措的文化氛围,让全体员工理解企业文化是构筑核心竞争力的基石,真正认同企业文化。

XY公司认为企业文化传播工作不仅是党委办公室的事,而且是高中层干部、基层管理人员和全体员工的事。公司聘请真正有实力、负责任的专家,采取"教练式"辅导方式,用专业、先进的思路、方法和技能为公司培养了2批共92名文化管理骨干。通过大量案例教学,大家不仅充分认识到了企业文化的作用,而且进一步掌握了结合企业实际开展自身文化分析的测评技术、构建模型、有效传播及应用方法,这些文化管理骨干自觉成为文化的践行者,为更大范围地进行文化传播奠定了坚实的人才基础。

XY公司通过丰富传播载体,把文化理念具体分解到工作实践当中,使广大干部、职工易于接受、认识、认同。一是将企业文化传播与创建"优秀卷烟工厂"相结合。通过文化建设和文化传播,使企业的文化软资源达到"创优"标准,并通过对企业文化的有效管理,进一步打造"XY制造"品牌力量,使"创优"工作名副其实。二是将企业文化传播与用工分配制度改革相结合。通过文化传播,提升员工整体素质,使员工正确对待个人与企业的利益;通过文化建设,企业不断注重员工利益,与员工分享成果,从员工的成长出发,满足员工的成长需要,不断促进员工的发展。三是将企业文化传播与开展精细化管理相结合。通过文化的运用、渗透,使员工转变了思想观念,充分认识到管理创新的重要性。借助精细化管理手段,形成良好的工作习惯,规范了工作秩序,减少浪费、提高效率。四是将企业文化传播与创建活动相结合。通过"党员示范岗""工人先锋号""巾帼文明岗""青年文明号"等创建活动,积极寻找、挖掘和培育既有时代感又有亲和力的先进典型、劳动模范,宣传先进事迹,收集和丰富企业文化种子故事,让先进典型成为全方位、多角度诠释企业文化理念、引领企业精神的典范。

为更加深入地开展文化传播,丰富传播形式,XY公司进一步拓宽了宣传载体,在公司网站上开辟了主题文化专栏,广泛发动职工积极向网站和公司内刊投稿,积极组织职工参与征文活动;举办了企业文化知识竞赛和主题征文演讲比赛,以及国庆摄影书法展和联欢会等活动。通过搭建互动平台,进一步引导职工在学习、工作和生活中自觉成为企业文化建设的参与者、实践者和推动者。

(三)夯实核心竞争力的企业文化应用策略

促使企业文化成为核心竞争力内核的关键是"用文化",以文化人,让全体员工尤其是各级管理者知行合一，通过人的理性、感性、习性由自发向自觉的层次提升，切实提高人的心理品质，改善人的工作和生活状态，从根本上夯实企业的核心竞争力。从理性维度看，以学会运用理性文化思考方法、解决经营管理实际问题为目的，通过系统培训、研讨活动，着力提高全员的思想境界，强化满足利益相关者需求的意识，养成整体、系统的思维方式，形成普遍联系、发展变化的观念，修炼无我利他、多方共赢的智慧；从感性维度看，以学会运用感性文化体验方法、扩大全员心量为目的，通过标杆学习、团队建设活动，大力培养全员的人文情怀，在日常工作和生活中产生的各种感受基础上，培养使命感、责任感、归属感等积极正向的情感，在面对挫折、困难时，锻造不折不挠的坚强意志，涌现具有企业特色、凸显人格魅力的精神图腾；从习性维度看，以学会运用习性文化修炼方法、提高全员的人生品味为目的，通过工作坊、文体活动，引导全员树立健康的人生追求，在满足生理、安全需求的工作动机基础上，培养为企业、为社会创造价值的能力，遵守法律、道德、企业规章制度等规定，将工作和生活艺术化。

XY公司通过点、面结合，分层实施文化管理项目。公司确定18个首批企业文化管理项目，覆盖了部门、班组和岗位，主要分布在包装机、内控员、战略管理员、劳动关系管理员、工会干事、后勤管理员、卷包质量控制员、卷包后勤管理员、设备副主任等9个岗位；二氧化碳、制丝维修班、动力维修等3个班组；制丝、卷包、动力、后勤管理、党委办公室、工会等6个部门。1年后，公司进一步将项目组扩大到全体班组和部分关键部门、岗位。各个小组将文化管理项目与创建优秀卷烟工厂的活动有机结合起来，创新文化建设新途径，如岗位文化项目小组在首批9个示范岗位上提出了"争做文化管理示范岗"的目标，通过主动重新认识岗位价值、主动征求上下级意见发现问题、邀请同事共同分析问题背后的文化因素等，主动、自觉地挖掘个人与文化理念不相适应的习惯、态度、意识、理念等原因，为自觉践行企业文化理念奠定了基础。一位员工在分析成果发布会上说："原先对自己的不足总是想方设法进行遮掩，分析自身文化原因的过程其实是一个非常痛苦的过程，犹如扒去一件件外衣彻底暴露自己，刚开始这种过程是难以煎熬，但是曝光之后不仅发现了平时问题背后更加真实的原因，也发现了更加真实的自己，如同获得一次新生。"一位车间党支部书记通过全程参与培训学习，还亲自带领本支部的人员认真按照专家的指导开展了其车间的部门文化应用活动，他深有感触地说："通过本车间的文化分析，描绘部门和岗位价值路径，主动寻找和锁定问题、分析问题背后的文化原因，以企业文化测评数据验证问题存在的真实性，并针对问题，大家集思广益、献计献策，制定具体整改措施、梳理工作流程，进一步提高了工作效率和执行力。以前都是我找员工谈问题，自从申报部门文化项目后，都是员工找我谈问题，通过此项活动沟通多了、心贴近了、凝聚力更强了,整个过程使我切身感受到了文化的真实力量"。

(四)巩固核心竞争力的企业文化变革策略

时代风起云涌,市场风云变化,利益相关者的构成和期望在变化,企业获得竞争优势的要素也在变化,企业文化的一些构成要素不利于企业保持竞争优势,成为阻碍企业发展的因素,适时地进行企业文化变革非常重要。首先,企业文化变革策略和企业文化建设策略的步骤基本相同,区别主要在于企业文化诊断结论、企业文化发展规划、企业文化体系的内容和重点产生了因应时势的变化。

XY公司坚持不定期地举办文化沙龙,根据企业文化工作的进度和取得的阶段性成果,分析企业文化现状,总结经验,发现问题,明确下一步努力方向,使企业文化建设向系统化、规范化、标准化方向发展,确保企业文化工作统筹规划、稳步推进、巩固成果、跨越提升。一是始终坚持着眼于适应先进生产力的发展要求,提高企业核心竞争力;二是始终坚持战略导向、市场导向和绩效导向,积极为企业发展战略服务,为做大市场、做大品牌、提升员工素质和绩效服务,使文化建设目标与企业发展目标始终保持一致;三是着眼于提高职工队伍素质,以人为本、实现员工全面发展;四是着眼于满足干部职工对美好生活的向往需要,代表广大员工的根本利益。

三、核心竞争力导向的企业文化管理策略

为使企业文化成为企业核心竞争力的来源,企业文化管理必须采用系统化、精细化、职能化和常态化的策略。

(一)着力提升企业文化管理的系统化水平

企业文化是个复杂的系统,理性、感性和习性的内涵丰富,不是几条经营管理理念和行为规范就能囊括的,还包括意识、态度和能力等众多因素;企业文化管理工作是个系统工程,除了建设、宣传贯彻等工作,还应包括分析、应用、监督和评估等;从事企业文化管理工作的队伍建设也是个系统工程,包括专职和兼职、内部和外部的人才选拔和培养。因此,应从以下3个方面入手,着力提升企业文化管理的系统化水平。

丰富企业文化内涵,提升企业文化内涵的系统化水平。在现有的企业文化体系的基础上,进一步丰富与企业价值观、企业愿景、企业使命、企业精神以及企业行为规范相一致的企业意识、企业态度和企业能力等,逐步形成企业文化"生态"系统,提升企业文化的生命力。

完善企业文化工作流程和内容,提升企业文化工作的系统化水平。在开展企业文化主题活动、宣贯企业文化体系等工作的同时,要进一步充实企业文化体系宣贯的途径、

方法和手段，进一步加大"用"文化、"评"文化的力度，完善企业文化工作流程，提升企业文化管理的效率，形成企业文化管理系统。

健全企业文化工作者的选拔和培养体系，提升企业文化专业队伍的综合水平。针对企业文化发展需要，建立企业文化工作者的选拔标准和程序，加强企业文化人才队伍的培养力度，开发符合企业需要、实用、高效的企业文化培训课程，逐步建立高级、中级、初级3个层次的企业文化工作队伍。

（二）着力提升企业文化管理的精细化水平

在日益激烈的市场竞争压力下，管理精细化是企业发展的基本趋势，管理精细化不仅包括产品研发、采购、生产、销售、财务、人力资源等硬管理的精细化，还包括党建工作、工会工作、企业文化等软管理的精细化，这是推动企业文化工作从建设阶段向管理阶段转变的重要标志，也是企业文化产生价值的基本保证，应从以下3方面着力提升企业文化管理的精细化水平。

加强基层文化管理，推动企业文化、企业文化工作中心基层化。要将企业文化、企业文化工作逐步分解到部门文化、班组文化和岗位文化，加强企业内的部门文化、班组文化以及岗位建设。

实施目标管理法，推动企业文化工作目标具体化。不断分解企业文化工作目标，落实到部门、岗位、具体责任人，形成企业文化工作目标系统。

开展企业文化测评与分析，推动企业文化、企业文化工作过程精细化。要积极引进科学先进的企业文化测评工具，定期开展企业文化测评，不断积累企业文化测评数据、案例，提高企业文化测评、评价工具的可靠性、科学性；要对企业文化、企业文化工作的关键环节、流程进行精确分析，找准文化症结，提高文化措施的针对性，提高文化工作成果的可控性，避免眉毛胡子一把抓。

（三）着力提升企业文化管理的职能化水平

企业文化作为核心竞争力的来源，主要表现在企业文化对生产经营管理具体职能的促进上，企业文化工作职能化是企业文化创造价值的必然要求，也是企业文化工作从建设阶段向管理阶段转变的核心标志。通过企业文化工作，不断提升企业核心竞争力，本质上是不断推动文化进生产、进市场、进流程，即推动文化职能化水平不断提升。针对XY公司，应从以下4个方面入手，提升企业文化职能化水平：

开展服务文化管理，推动企业文化进服务。要以企业文化内涵为先导，推动企业文化融入服务流程，以服务文化为基础整合服务管理、服务形象，提高客户满意度、忠诚度，进一步增强消费者、合作伙伴与企业之间稳固而强大的心灵关系，以企业文化提升服务竞争力。

加强品牌文化管理，推动企业文化进品牌。从文化竞争力的角度重新审视现有的产品品牌，对不具备优势或存在文化缺陷的品牌内涵进行调整或修正，进一步提高全企业品牌的含金量，以企业文化提升市场竞争力。

抓好创新文化管理，推动企业文化进创新。推动企业文化注入创新流程，以创新文化为灵魂，促进技术创新、管理创新、经营创新等工作，以企业文化提升创新力水平。

抓好制度文化管理，推动企业文化进制度。逐步开展文化审计制度工作，以企业文化优化企业制度体系，整合职能和职责、梳理制度和流程，调整组织结构，提高管理效率，形成企业文化制度审计报告，并加强检查、监督和落实力度。

此外，企业文化管理的职能化还包括开展安全文化管理、质量文化管理、廉洁文化管理等。总之，要通过与具体职能相结合，不断提高企业文化工作职能化的水平，真正提高企业文化竞争力水平。

（四）着力提升企业文化管理的常态化水平

企业文化要从建设阶段向管理阶段转变，要推动企业文化工作职能从临时化向常态化转变，从"运动式"文化建设的短期行为向构建长效机制转变，重点可从以下几个方面着力提升企业文化的常态化水平：

健全企业文化职能体系，将企业文化工作正式列入企业重要的日常管理职能。要对目前比较分散的企业文化管理职能分工进行合理优化，建立清晰的企业文化管理职能部门，形成清晰的企业文化各级职能体系，推动企业文化管理职能的常态化。

明确企业文化管理职责范围、内涵和要求，开发企业文化职责体系。要将企业文化工作职责要求纳入企业、部门和岗位的职责体系，推动企业文化管理职责的常态化。

完善企业文化工作的组织结构，形成企业文化正式工作队伍。要将企业文化工作队伍建设纳入企业人才队伍发展规划，推动企业文化管理机构的常态化。

设置企业文化工作流程，形成企业文化工作的决策、执行、反馈、监督链。要将文化工作流程嵌入企业流程体系，推动企业文化工作流程的常态化。此外，企业还可以从企业文化管理制度、企业文化考核、企业文化运行机制等方面着力提升企业文化工作常态化水平。

第八章 企业管理人才培养

第一节 企业员工的情商管理及培养

卢卡斯的新经济增长理论认为,"特殊的、专业化的、表现为劳动者技能的人力资本"才是推动经济增长的真正动力。当前社会已进入知识经济时代,创新驱动发展,企业生命的常青法宝离不开创新,而创新的源泉在于组织整体的知识优化和潜能的激发,这种优化和激发除了知识、技能上的组织和培训,还体现在对员工的心理、意识的调节和开发。因为在某种程度上,是情商而非智商决定着人的积极性和能动性,所以企业员工的情商指数就决定着企业的活力。加强企业员工的情商管理及培养是增强企业活力、激发企业创新发展动力的重要措施。

一、情商概述

美国心理学家 Savlevey 和 Mayer 于 1990 年最先提出情商的概念。情商即情绪智商（Emotional Intelligence Quotient，简称 EQ），又称感情智能,是个人情绪稳定性、自我激励以及人际关系能力等的总称,是通过控制情绪来提高生活、工作质量的才能。情商概念的提出在心理学界引起了极大反响,在管理学界也日益受到重视。一直以来,人们往往过多地关注一个人的智力水平,认为智商越高的人越容易取得成功。但科学研究表明,情商是比智商更重要的一个商数,情商对人成功与否的影响绝不低于智力水平。企业中工作绩效较高的人常常是那些善于自我管理、积极乐观、有良好合作能力的人,而不是智商最高或学历最高的人。

二、企业情商管理滞后性的表现

通常我们都认为企业工作效率低、服务水平差的原因主要在于管理者水平低下,工作人员责任心不强。其实这只是表象,如果从情商管理的角度来看,上述现象的原因可归结为情商管理滞后,主要体现在以下几个方面。

（一）在人才利用上重视智商，轻视情商

目前很多企业包括事业和政府部门，在引进人才时仍然把"智商"作为用人的第一标准，而智商的高低则用学历进行衡量，很多单位招聘时非"985"或"211"高校的毕业生就直接排除，这种在非正常竞争环境下以学历高低进行的人力资源匹配，往往容易造成组织人际关系紧张，抑制部分员工个人潜力的发挥，导致企业整体竞争水平低下。智商作为一个人做事必须具备的能力，的确非常重要，但是再高的智商也要以良好的情商为依托，如果一个人孤僻自傲，以自我为中心，不善于把握与控制自己的情绪，不善于自我激励与管理，没有良好的人际关系，那么再高的智商也难以得到有效的发挥。所以对企业员工心理素质的培养往往比培养智力、能力更重要。

（二）在员工激励上注重利益刺激，缺乏精神需求

企业以分配作为激励机制来提高工作效率，这是必要的方式，也是在短时间内最有效的。但如果只依赖这种传统的胡萝卜加大棒的模式，那就不适应知识经济时代的管理了。现代管理思想的核心是"着眼于人"。马斯洛的需求层次理论认为，在基本的生存和安全需求满足后，人们更追求高层次的精神需求。命令式和利益驱动的管理行为难以满足人的情感需求，只有注入关爱与尊重的管理才能深入人心。所以企业向员工提供创造性的岗位和环境，提供个性发挥的机会，充分调动员工的自觉意识和工作激情，才能形成富有凝聚力、创造力的团体。

（三）在员工管理上注重技术培训，缺乏情商教育

资源利用的智力化是知识经济的特征之一，企业整体的知识技术水平是现代企业竞争性的核心力量，因此企业都非常重视员工的知识技能培训，但情商教育的开展却不多。戴尔·卡耐基一生致力于人性的研究，他认为一个人事业上的成功，只有15%取决于专业技术，即智商因素，另外85%取决于人际关系、处世技巧，即情商因素。卡耐基的成人教育理念就是着眼于人的自信心的培养和人与人之间的沟通和交往。良好的情商不仅有助于成功，而且让人感到快乐和幸福，一群充满正能量的员工对企业来讲无疑是无价之宝。通过情商的培训，有利于改善人际关系，加强企业员工的团队精神和职业道德，提升企业文化的建设。

三、企业员工的情商能力培养

员工的情商高能够激发企业活力，为企业带来丰厚利润，能够加速企业成长。据百事可乐和欧莱雅等企业的内部研究，公司情商运用能力的差异，可使运营利润产生20%～30%的差异。实现这一效用必须依靠拥有情商能力的员工，而且必须不断提高

他们的情商。所以不断培养员工的情商能力，能为企业实现战略目标带来重要优势。1995年，美国教授丹尼尔·戈尔曼发表了其代表作《EQ》，即《情绪智力》，书中把人的情商能力概括为5大能力。企业应该帮助员工从这5个方面进行自觉测评，促使其正确认识自我、调整和管理自我，培养自己的情商。

（一）了解自我的能力

这种能力也叫自我情绪的认知能力，就是通过观察和审视自己的内心，感知自我情绪的变化，从而自觉并客观地发现自己的长处和不足。例如，自我感觉良好，对别人提出的意见或建议不能冷静接受、不能换位思考等，都是自我认知能力不足的表现。孔子的"吾日三省吾身"、孟子的"行由不得反求诸己"，都是讲的人要经常自我反思、及时改错。了解自我的能力是情感智商的核心，培养员工的自我认知性，有助于其明确个人的生活目标和自我发展目标。

（二）自我管理的能力

自我管理的能力或者叫自我调节的能力，也就是调控自己的情绪，使之能够适时适度地表现。人处在社会之中，难免受外界事物的影响，如有人遇事容易冲动，一时意气行事，之后又后悔莫及，这就是典型的自我调节能力欠缺的表现。自我调控必须是在自我认知的基础上，主动地、持续不断地根据环境变化对自我情绪进行调节，始终使自己处于一种理性状态，主动避免情绪的波动，冷静应对环境变化。2010年开始的富士康连续跳楼事件给我们敲响了警钟，在心理、生理高度紧张的环境下，企业员工不能有效地实施自我调节，管理者未能及时关注其情绪并进行引导，这就是缺乏情商管理造成的悲剧，同时畸形的文化和精神给企业也带来极其恶劣的影响。所以，培养员工的自我调节能力，有助于创建文明和谐的企业氛围，增强组织凝聚力和团队精神。

（三）自我激励的能力

为了使员工保持持久的工作热情和创造性，很多管理者制定了各种激励方案和措施，虽然不乏成效，但总有员工对公平性提出质疑。因为任何外界的奖励和惩罚都只是针对一定阶段和一定范围内的，不可能做到绝对公平，而每个员工的动机是不一样的，往往注重考虑自身利益，容易造成心理失衡。只有出自内心的愿望，来自自我的激励才能持久。自我激励是一种不同于外来刺激的动机激励，完全发自内心，出于自愿。管理者应帮助员工发现自己的需求并进行有效的评估和激励，将激励的主动权下放，培养员工的自我激励意识和自我激励的能力，帮助员工进行自我管理。而积极引导员工自我激励也意味着管理者的管理能力成熟，意味着企业管理的完善和发展。

（四）认知他人情绪的能力

这种能力指的是要能敏锐地感知他人的情绪和需求，了解他人的感受，这是与他人交流、沟通得以顺畅开展的前提，也是团队协作的基础。除了感知他人的情绪和需求，对他人情绪的认知还包括对他人的理解和宽容能力的培养，学会换位思考，能够认真倾听他人的诉求，设身处地地为他人着想，取得他人的理解、信任和支持，是成功人士的重要品质。例如，本田公司的企业文化之一就是"团队精神"，他们非常注重培养员工间的沟通和协调能力，推崇把个人融入团体，凭借团体的智慧和力量赢得个人的生存与发展。在这样的理念下，很容易调动员工的生产积极性和创造性，树立团队合作意识。

（五）处理人际关系的能力

较强的人际关系处理与协调能力是企业管理者包括部门主管需要具备的重要能力，包括人际交往的主动性、适应性、有效沟通，以及处理与特定人群关系的原则性与灵活性等。人际关系处理是一种能力，也是一种艺术，包括与上下级的关系、与朋友同事的关系、与家人的关系、与其他单位的关系等很多方面。不同的关系有不同的交往原则和技巧，熟悉并灵活掌握这些技能，建立健康、良好的人际关系，无论对于个体生活和睦、工作融洽，还是企业内部关系融洽、团结协作都是至关重要的。可以说，具备良好的人际关系是情商高的具体体现，也是实现个体和企业发展的重要条件。

在市场竞争日益激烈的今天，企业的核心竞争力不仅体现在领先的技术和科学的管理，更体现在团队的凝聚力和协作力，往往后者对推动企业发展能够发挥更大作用。特别是在企业内部关系和外部环境越来越复杂，人们的工作压力越来越大的情况下，加强企业情商管理已经成为企业提升核心竞争力、实现战略目标的必要措施。企业通过开展有效的情商管理，努力提高员工的情商，让员工充分认识自我、控制情绪，学会自我管理和调节，增强沟通和协作能力，对于提升企业工作效率、挖掘企业发展潜力、形成和谐团结的企业文化具有重要意义。

总之，加强企业情商管理，培养员工的情商能力，是突破传统管理方式的有效途径，是促进企业创造性发展的崭新动力，也是适应当今市场发展形势的有效措施。一个企业注重情商管理，员工拥有良好的情商，自然就具备了参与市场竞争的利器，企业的内部管理就会非常顺畅，工作开展就会非常高效，企业战略目标自然就容易实现。

第二节　企业中层管理干部的能力培养

针对企业中层管理干部缺少创新力、管理能力等问题，结合国有建筑企业管理实际需求，本节进行了能力培养的分析，总结企业中层管理干部的能力培养方法。从能力培养实践来说，采取加大培养投入力度；搭建学习平台，拓展学习渠道；组织业务培训；加大绩效管理力度等，对促进中层管理干部能力的提高有着重要的意义。

建筑业是国民经济的重要物质生产部门，同国家经济发展以及人民生活改善有着紧密的联系。近年来，建筑行业快速发展，其在国民经济中所占据的比重不断提高，支撑作用日益凸显。经过多年的发展，建筑行业涌现出装配式建筑设计、绿色建筑、BIM 等各类新理念和新技术，使得建筑生产和项目运营管理也随之发生了很大的变化，对管理人员的能力有了新要求，因此加强管理人员的能力培养具有重要意义。

一、新形势下企业管理变化分析

新时期，建筑企业中层管理人员工作有了极大的变化，给其工作的开展带来了很大的挑战。具体体现如下：

（一）生产现场智慧化

经过几十年发展，建筑生产能力不断提高，生产现场也发生了翻天覆地的变化，实名制管理系统、视频监控系统、PM2.5 监测系统、VR 模拟技术等被应用，构建的智慧工地，提高了生产管理的水平和效益。基于智慧工地管理背景，加之企业信息化管理的建设，作为企业的中层管理人员，要具有较强的信息化技术运用能力，善于利用信息化系统，进行数据的分析，科学合理决策，保障管理目标的实现。

（二）生产方式机械化

当前装配式建筑和新型施工技术等被积极推广，建筑生产的机械化和自动化水平不断提高，使得项目管理对象和内容出现了变化。传统的管理工作模式下，管理对象以人员和材料为主，当前以人员、机械设备、材料等为主，面向的管理对象多样化和复杂化，对管理人员的管理能力提出了较高的要求。

（三）管理要求不断提高

建筑企业持续化发展，除了要不断提高生产建造能力外，还需要提高生产的安全水平和绿色施工能力等，达到安全文明生产标准、绿色施工标准等。当前，生产管理要求不断提高，项目中引入了新技术、新材料及新工艺等，力求达到各类要求。在此情况下，管理人员要具有创新意识，能够结合管理形势的变化，更新管理理念，创新管理方法，提高管理水平。

二、企业中层管理人员的能力培养问题

（一）重视度不够

管理人员的培养，需要高层管理者给予大力的支持。从实际情况来说，由于缺少对项目重要性的认识，部分管理者对中层管理人员的培养支持度不高，受到资金和资源等不足的影响，使得培养工作缺少科学性以及持续化。除此之外，中层管理人员自身的重视度不够，缺少积极配合性，使得业务培训和技能培养等工作形式化，降低了开展的实效。

（二）未结合发展形势

住房城乡建设部印发的《"十三五"装配式建筑行动方案》明确指出，到2020年，全国装配式建筑占新建建筑的比例达到15%以上，其中重点推进地区达到20%以上，积极推进地区达到15%以上，鼓励推进地区达到10%以上。除此之外，建筑行业近年来实施了很多新政策，比如绿色建筑、BIM技术推广政策等，设定了很多发展目标。国有建筑企业在各目标实现过程中，发挥着带头作用，不断提高自身的管理能力，具有重要意义。从管理人员培养角度来说，要结合当前的形势变化，根据新生产模式和管理形势下管理人员要具备的能力，制订完善的培养计划，保障人力资源得到有效开发，为企业发展提供重要保障。

（三）培养方法需完善

对中层管理人员进行能力培养，要将其和培训做出明确的区分，培训只是能力培养方法的一种。若想实现对管理人员潜力的全面开发，需综合运用各类方法，构建合理的领导力培养体系，将管理人员能力培养同企业管理和文化建设紧密结合，同时要结合管理人员特点，进行针对性培养，使得通过管理能力培养，行为和能力等有所提高。除此之外，要构建完善的反馈机制，对管理人员的能力培养工作落实情况进行具体的分析和评估，不断完善培养工作机制，促使人员培养工作高质量落实。

三、企业中层管理人员的能力培养方法

（一）转变思想观念

从人力资源的培养、挖掘和利用角度来说，加大人员能力培养的投入力度，为培养工作的开展提供资源和资金等的支持，有着重要的意义。企业的领导者要转变人才培养观念和认识，要能够充分认识到中层管理人员能力培养对项目的推进、企业经营等的重要性，为各项工作的开展助力。企业中层管理人员需要树立正确的发展观念，充分利用企业提供的能力培养机会，具有较强的学习意识和能力，加大对人力资源管理部门工作的配合度，促进自我能力的提升。人力资源工作人员要结合当前建筑发展形势和管理工作需求，转变人力资源开发和培养的观念，为企业培养高素质人才，保障项目和企业能够持续发展。

（二）构建领导力模型

从能力培养层面分析，要明确培养企业的目标和方向，搭建领导力模型，为各项工作的开展提供有力的支持和保障。新时期，国有建筑企业中层管理人员要具备较强的领导力，对其进行培养时要围绕以下模块开展：①提升管理人员的学习能力和研究能力。建筑行业是不断发展的，同时社会也是不断发展的，无论是作为员工角色，还是社会的一员，均需具有终身学习的意识，掌握学习能力，进而高效落实在岗位工作，为企业和社会的发展助力。②培养管理人员的战略思维能力。企业中层管理人员扮演着多种角色，比如执行者和决策者等，需要站在发展的角度思考问题，因此要注重培养其战略思维能力。③加强学识和修养的提升。作为管理者，拥有丰富的学识和良好的修养，能够发挥有效的带动作用。与此同时，当前建筑行业涌现了很多新技术、新模式以及新理念等，若能够同步更新，有着重要意义。④顽强意志和牺牲精神。建筑生产和管理工作比较辛苦，考验着人员的意志，而管理者除了要具有顽强意志，还要具有牺牲精神，能够为岗位奉献。搭建领导力模型后，围绕具体内容，制订培养计划，落实为实践。

（三）丰富培养方法

具体措施如下：①搭建学习平台。从人力资源培养和开发实践来说，提高中层管理人员的能力水平，除了为其提供培训和锻炼机会外，更重要的是搭建学习平台，使其能够在工作之余自我提升。②完善激励机制。将人员能力提升和其个人利益挂钩，调动人员的参与积极性，进而达到人力资源开发的目的。③完善培训考核制度。对于组织开展的培训活动，为了避免形式化，要进行考核，保证培训工作落实到位，切实发挥培训的作用。

（四）结合发展形势

培养企业中层管理人员的能力，要注重结合发展形势，优化培养机制，创新培养方法。具体实践中，人力资源工作人员要加强和管理人员的沟通，了解其工作中面临的困难和问题，通过能力的培养，使其能够适应岗位工作。关注当前建筑行业发展新政策和新动向，结合企业的发展战略，分析作为中层管理人员需要更新的业务能力，制订能力培养方案，快速响应发展变化，为企业发展提供保障和支持。对培养工作要加大管控力度，做好工作考核，及时完善工作中的不足。

综上所述，企业中层管理干部的能力培养，需要结合发展新形势，根据企业的人力资源需求和要求，以及员工的发展计划，对其进行能力的培养。通过综合运用各类培养方法，促使管理人员能力水平达到企业发展需求，助力企业和管理人员持续发展。

第三节　企业工商管理类人才培养

现如今，企业的发展迎来新机遇，为了保证企业能够站稳市场，需要加强企业工商管理人才培养能力，从而保证企业工商管理工作有效开展，下面对其进行具体研究。

一、企业工商管理人员应该具备的能力

在企业的发展中，工商管理人员是一种重要的力量，他们的能力可以在动态的环境中体现。目前，要根据市场的需求，分析企业对工商管理人员的需求，从而进行符合时代的调整。工商管理人员的能力和水平对企业的生产经营活动有着重要影响，进而影响着企业的经济效益。所以，企业要加强对人员的能力的培养，并要提高他们的道德素质。

（一）掌握市场信息

随着信息技术的发展，市场信息对企业的发展具有重大的意义。在人们的生活中，信息无时不在。企业要想在激烈的市场竞争中获得足够的竞争优势，就要在信息上占据优势，及时分析市场的需求，分析目前的市场形势，从而掌握更多准确、有效的信息，并对企业的发展进行有效的调整。因此，在企业中，工商管理人员要具备掌握市场信息的能力，并且要快速对其进行处理，确认信息的有效性、可利用性。

（二）参与市场竞争

在企业的发展中，增强企业的竞争力可以促进企业经济效益的提高，还有利于促进我国经济水平的提高。在企业的发展中，竞争是一个重要的因素，当今社会中的竞争力

日益激烈，人才是企业中最重要的资源，因此，企业工商管理人员要增强对市场竞争的分析能力，提高企业的竞争力，同时需要具有决策、组织和协调的能力。

决策能力是指在不断变化的市场环境下，可以对市场中的机会进行准确的判断，并及时做出决策，以应对市场的发展。组织能力是指当企业在抓住机遇找到合适的目标之后，在企业内部落实各项工作，充分发挥组织才能，保证企业生产的有序运行。协调能力是指企业在发展的过程中，会遇到一些棘手的问题，从而牵扯出更多的人和事，因此，需要在诸多的利益中寻找一个恰当的切入点，并进行各个方面的协调，以实现企业利益的最大化。

（三）创新性管理思维

随着现代科学技术的发展，企业的发展离不开工商管理人员的创新能力。创新是一个企业发展的重要基点，企业只有不断创新，才能提高自身的管理能力。因此，企业应认清市场的发展趋势，对其现有的管理体系进行创新，推动企业的可持续发展。此外，作为企业工商管理人员，还应该具备团队能力。在企业的发展中，工商管理人员除了需要具备一定的专业能力，还需要协调好员工之间的关系，保证他们之间相互合作、共同发展。因此，工商管理人员要积极融入员工中，共同努力，营造良好的人际关系，从而增强员工的工作热情，为企业创造更大的经济效益。

二、企业工商管理类人才培养对策

（一）结合实际，端正理念

在企业的整个发展过程中，其管理人员自身的素质和管理理念直接影响着工商管理培训所取得的成效。企业要想在激烈的市场竞争中长久地立于不败之地，必须树立科学的工商管理理念，切实保证工商管理培训工作的有序进行。企业高层人员要改变管理的固有错误理念，鼓励管理人员参与培训，加强管理人员对培训重要性的认识，把工商管理培训作为自我提高的难得机会，学习专业化的管理知识，不断地提高自身素质和业务水平，从根本上改善管理培训流于形式的问题，提升管理人员的综合素养，促进企业长远可持续的发展。

（二）重视提升人才技能

企业的工商管理培训师不但需要担当知识传授者，还要扮演协调者，基于此，作为工商管理培训师有着专业技能和综合素质的高标准要求，企业要建设培养优秀的工商管理师资队伍。企业严格地执行管理培训师的资格认证制度，对现有管理人员提升为培训师的认证进行多角度、全方位的评定，并在合格之后，对其进行系统性的专业强化培训，鼓励其不断学习相关的专业知识，积累丰富的经验；对于现有的培训师定期开展再教育培训，完善培训师的知识体系，提高培训师的专业能力；工商管理培训师定期参加相关的国际交流会，学习国外先进的管理经验。此外，在企业内部建立完善的培训师考核制度，确保培训师的理论知识、授课经验等方面与企业的培训要求保持高度的一致。通过对企业工商管理师资队伍的建设，为企业带来较高水平的工商管理效益。

（三）科学的改进培养方式

企业的工商管理培训有着长期性、复杂化的特点，需要潜移默化的影响过程，工商管理工作本身有着专业性较强、技能要求较高的特性，使得工商管理培训的难度系数加大。工商管理培训的方式要根据实际的培训需求，向灵活性、多元化的方向发展。基于信息技术的迅速发展，培训师可以借助计算机多媒体技术，丰富课堂授课的形式，摒弃以往单一乏味的灌输式培训方式，将培训形式与信息技术有效地结合，发挥高新技术手段所带来的优势。培训师要改变传统的培训理念，实施层次化和多元化的工商管理培训，比如采取专家讲座、小组讨论、优秀案例培训等方式，确保培训的质量和效率得以提升。不断地改进与完善企业工商管理培训的方式，提升企业管理人员的认知水平，促使管理人员全身心地投入培训学习和工作中，进而在整体上提升企业的管理水平。

（四）以现代手段革新培养模式

在构建企业工商管理人才培养模式过程中，要对现代培养手段进行应用，完成对培养模式的革新。现代培养手段，要求企业运营过程中，在对企业工商管理人才进行培养期间，必须摒弃传统的陈旧方式，应当通过网络学习、校企合作、实训课堂等方式进行培训，以提高学员的学习兴趣，使其牢固地掌握相应的知识内容，并且对各项内容进行夯实，加强实践和理论两者的结合程度，提升企业工商管理人才培养的最终成果。

（五）理论与实际结合，丰富培养内容

丰富培养内容是一个漫长的过程，不可能一蹴而就，要合理地将理论与实践两者结合在一起。理论与实践结合一方面要求企业在企业工商管理人才培养期间，要加强对工商管理过程中涉及的各项理论基础内容的重视。另一方面，企业工商管理人才培养期间，要一手抓知识，另一手抓实践，两手都要硬，只有这样才能确保最终培养的人才能够满足企业的发展需求。由此可见，在进行人才培养过程中，将涉及的各项理论知识，通过结合企业实际，不断提高工作人员认识，从而为企业培养出更加优秀的工商管理人才。

总之，通过实践分析，提高了企业工商管理人才培养能力，作为相关研究人员，要不断进行有效的实践探索，以进一步为企业发展奠定良好基础。

第四节　企业后备干部的管理与培养

在社会主义核心竞争力不断加强的今天，加强国有企业后备干部的培养，做好干部的梯度管理，是国有企业发展的关键，也是国有企业获得竞争优势的根本。后备干部作为国有企业中长期发展的中坚力量和主要人才队伍支撑，对于国有企业内部管理与外部竞争，具有不可估量的优势。因此，着重加强国有企业后备干部的培养与管理，具有积极的意义。

一、新时代国有企业后备干部培养与管理存在的主要问题

（一）后备干部思想作风有待改进

在市场经济发展的新形势下，国有企业后备干部的思想作风存在一系列突出的问题，如形式主义、官僚主义、享乐主义和奢靡贪腐之风等。主要表现在以下4个方面：①制度执行不力，不能真正将公司重大决策措施落到实处；②忧患意识不够，缺乏自信，在职工群众中缺乏威信，缺乏创新性，缺乏敢想、敢干、敢闯的工作劲头，主动性较差；③自律意识不强，不能够以身作则，缺乏规矩意识；④群众意识不足，不能做到主动接受群众监督等。

（二）后备干部识别与选拔机制不健全

国有企业在后备干部选拔与管理的制度建设上，没有足够的针对性，形式主义和拿来主义成分较重，没有密切结合企业自身发展的基本情况。有的单位后备干部选拔机制不健全，为了完成后备干部选拔、培养的任务而敷衍了事，或是公司班子成员一言堂，程序不规范，效果欠佳。

（三）后备干部培训与培养形式不丰富

国有企业后备干部培养理念比较淡薄，缺乏特色和创新。有的企业后备干部培养方式仍沿用过去课堂讲授、讨论、会议等传统模式，没有很好地结合后备干部具体情况有针对性地培养，缺少实用、创新、实战的学习锻炼机会，致使后备干部培训效果不明显、培养不到位、锻炼渠道狭窄，到需要提拔使用的时候往往出现无人可选或"瘸子里挑将军"的局面，就算提拔到管理岗位也不堪重用，出现人才梯队断层的现象，不能很好地

迎合国有企业改革发展的大潮，跟不上市场经济发展形势。

（四）后备干部监督考核体系不科学

目前国有企业缺乏完善、系统的人才考评体系。一方面，尚未有针对性地建立后备干部监督考核体系，后备干部考核指标不明确，考核方式单一，缺乏时效性和系统性，不利于后备干部管理工作的展开。另一方面，没有将后备干部培养与员工技能和效率的提升相结合，进而与后备干部的待遇相结合，造成有些后备干部工作业绩比普通员工优秀而待遇无法很好地与普通员工相区别，出现后备干部离职情况。

二、新时期加强国有企业后备干部培养与管理的对策分析

（一）完善选拔与监管体系，构建高素质的后备干部队伍

为进一步提升国有企业后备干部培养与管理的水平，必须要重视后备干部选拔与监管体系的构建。在选拔后备干部方面，要坚持"党管干部的原则"，坚持"德才兼备、以德为先"，坚持"五湖四海、任人唯贤"，坚持"事业为上、公道正派"的标准，要严格"控制数量，保证质量"。对于不合乎标准的员工，严禁其入选后备干部的行列，对于已经符合相关要求和标准的员工，要深入一线结合实际，认真对其个人的思想作风、工作素养和日常生活行为进行调查监管。建立健全后备干部选拔与监管体系，强化自上而下的组织监督，改进自下而上的民主监督，发挥同级相互监督作用，加强对后备干部的日常管理监督。

（二）加强思想作风建设，严格规范后备干部的日常言行

针对国有企业后备干部的培养与管理，还必须要加强后备干部的思想作风建设。国有企业要结合党组织的"三会一课""两学一做"等常态化活动，定期定向对后备干部开展结合现实的思想作风建设的培训，培养一批"忠诚、干净、担当"的后备干部。鉴于国有企业在国家经济发展中的重要地位，在对后备干部的思想作风建设方面，要积极结合我国的基本国情，密切联系企业发展的目标，弘扬"忠诚老实、公道正派、实事求是、清正廉洁"的价值观，全面推进"反腐倡廉"，杜绝形式主义、官僚主义、享乐主义和奢靡之风等"四风"的反弹，让后备干部"知敬畏、存戒惧、守底线"，习惯在受监督和约束的环境中工作生活，自觉规范自己的日常言行。

（三）重视后备干部的整体性管理，强化内部凝聚力

国有企业后备干部的培养与管理工作，不应该继续单一地使用个体化管理模式，要积极推进后备干部集体化的发展。比如，通过定期开展后备干部集体交流培训或者座谈

会的方式，鼓励后备干部积极沟通与交流。在国有企业的发展与规划方面，积极鼓励后备干部的组织交流与集体参与，根据后备干部的发展潜能及个人优势，对其进行专业组别的划分，然后给出相应的国有企业发展问题，让后备干部进行"头脑风暴式"的探讨。

（四）不断培养后备干部的专业素养，提升其执行力

培养后备干部的实干作风、专业能力和执行力，适应新时代企业发展的要求，对于国有企业后备干部的培养与管理来说，是非常突出的内容。后备干部不同于国有企业的基层工作人员或者其他管理者，处于国有企业内部员工的中间环节，其实干作风、专业能力和执行力，将会向上影响管理者的科学决策与管理，向下会影响基层员工的行为与工作态度。总而言之，后备干部具有承上启下的作用，在国有企业发展过程中，严格要求后备干部不断提升其专业素养和执行力，强化榜样建设，至关重要。

（五）定期更新后备干部人员结构，建立考核退出机制

对于已经选拔出来的国有企业后备干部，企业不应该抱有侥幸的心理，要积极推进国有企业后备干部的定期考核制度的建立与完善。实行年度或季度考核的模式，对于不合格的后备干部，给予诫勉谈话和退出等处理。建立"能上能下，严进严出"的机制，不断优化后备干部人员结构，通过建立考核机制来提高后备干部的政治素养、专业能力等综合素质，不断提升后备干部的工作紧迫感，助推其在职业通道中向着更适合的方向发展。

本节就通过对新时期在国有企业进行后备干部培养和管理的意义进行分析，并突出国有企业培养和管理后备干部的有效策略，以期提高国有企业后备干部的管理水平，加强国有企业后备干部人才素养与职能建设。

第五节　施工企业管理人才的选拔培养

现阶段，伴随着我国市场经济的持续、高速发展，我国建筑工程领域也呈现出建设规模扩大化、指导理念多元化、施工技术复杂化以及应用价值集成化的显著发展态势，这就给各施工企业带来了前所未有的发展机遇与挑战。在这一背景之下，施工质量、安全、进度、成本等层面管理工作的开展，越来越成为影响施工企业综合竞争力以及市场占有率的重要因素，同我国现代化建设的进程关联密切。基于此，本节立足于我国建筑工程领域的发展实况，探讨了施工企业管理人才的选拔培养策略，希望通过理论的研究，对实际工作的开展有所助益。

施工企业应当明确岗位选拔的具体参考要素。一般情况下，需要考量管理人员的学历、年龄、性别、爱好以及技术方向等要素，然后根据企业的实际运营与发展需求，科学调整其在任职资格考查过程中的比重。除此之外，绩效——员工在其所在岗位的工作表现是企业应当重点考查的要素，最后综合考量之下得出结果，实现"量才用人，适才定岗"的选拔目标。

一、企业管理人才选拔培养的价值探析

现阶段，管理越来越成为评判施工企业综合竞争力的重要指标之一，而人才作为管理工作开展的主体所在，重视对其的选拔培养是提升企业管理水平的必然要求。施工企业管理人才的工作开展价值，主要凸显在以下几个层面：

（一）工程质量管理

建筑工程质量的高低，不仅仅会影响建筑本体规划、设计以及建造价值的实现，同时也与广大业主的居住或使用体验息息相关。反之，如果某一项目质量不过关，就会直接威胁施工人员或者是业主的人身、财产安全。特别是基于建筑行业发展迅速的时代背景，如果施工企业不能牢牢地把握工程质量这一要素，提升管理工作的开展有效性，将大大降低其市场竞争力，同时也不利于我国建筑事业的长效推进。而质量管理工作的有序、高效开展，可以及时改正施工过程中技术应用不到位、材料选用不科学、施工程序不规范等问题，尽可能地规避或者是控制施工过程中的质量问题与安全隐患，从根本上提升工程建设的经济效益与社会价值。

（二）施工安全管理

相较于其他的项目，建筑工程凸显出施工管理复杂、应用技术多元且影响范围广泛的显著特点，所以对于施工现场的安全管理工作提出了更高的要求。现阶段，大多数施工企业并不具备一套完备的现场安全监管机制，所以现场安全管理工作往往呈现出混乱、无序的状态，设备、材料以及电缆随处堆放的现象十分普遍，且不同岗位人员的工作开展缺乏明确的流程、科学的标准以及严格的细节管控，各种不安全施工的现象时有发生，这就为工程的按期、高质推进埋下了较大的安全隐患。

（三）工程进度管理

现阶段，伴随着我国建筑领域建设规模的扩大化发展，各施工企业也必将面对更加激烈的市场竞争环境。但就不同企业工程建设过程中进度管控工作的开展实况来看，大多数还未达到相对理想的状态。一方面，许多企业缺乏系统化管控意识，所以未能在前

期规划、设计环节，制订一套科学的工期计划，难以为工程的实际建设提供有力的支持。另一方面，许多企业缺乏专业的进度管理人员，因此，许多工作的开展流于形式，缺乏专业性与开展价值。除此之外，进度管理与质量控制并不是割裂开来的，它们之间有着不容忽视的紧密联系。但是一些企业片面追求自身经济效益的最大化，甚至在降低施工标准的基础之上缩减工期。这样看来，虽然使工程建设的速度大大提升，但为工程项目的投入使用，埋下了较大的质量问题与安全隐患，可谓是得不偿失。总而言之，工程进度及施工效率的提升，必须建立在工程建设质量得到保证的基础之上，否则就是无源之水、无本之木。而如何在进度管理与质量控制两者间寻求一个平衡，则是有关主体应当深入探索的问题所在。

（四）施工造价管理

工程造价控制工作开展的价值在于基于既有的施工图纸与方案，实现对不同流程、不同分部施工所需资金的优化配置与高效利用，最终将工程的整体建设成本控制在合理的范围之内，也是各施工企业可以立足于竞争激烈的现代化建筑市场的根本保障。而工程预算的主要内容在于依托工程建设的方案、图纸以及具体规划，科学预估不同环节的施工费用，并以此为基础，适当地联系组织设计，从而更有针对性地实现对建筑工程总体成本的控制，为企业经济效益与社会价值的实现打下坚实的物质基础。

现阶段，基于复杂多变的建筑市场环境以及日趋多样化的人民发展需求，各施工企业必须牢牢把握管理这一要素，全面提升质量、成本、进度、安全等层面管理工作开展的科学性、有效性，以更好地立足于竞争激烈的现代化市场。因而管理人才的引进、培养以及选拔价值日益凸显出来，不仅直接影响着施工企业的运营状况与发展前景，同时也在一定程度上彰显着我国现代化建设的水平高低。基于此，探讨施工企业管理人才的选拔、培训策略，有着较高的现实价值与实践意义。

二、企业管理人才选拔培养的开展策略

（一）建立健全人才选拔机制

现阶段，基于复杂多变的建筑市场环境，以及日趋多样化的发展需求，各施工企业管理工作的开展也凸显出模式多样、环境艰苦的特点。但无论如何，企业管理人才选拔培养工作的开展，都脱离不了一套完善、科学且强有力的管控机制。这一目的的实现，主要应从以下几个层面入手：

首先，各施工企业应当基于自身的运营规模、市场定位、发展目标等要素，对其内部不同工作岗位进行全面、科学的分析，然后制定出一套科学的任职资格标准，以制度

的形式明确不同岗位的用人标准以及工作门槛,为实际工作的开展打下坚实的基础。

上述管理工作的开展,始终不能脱离人才这一要素,而如果提升管理人才选拔与培养工作开展的有效性,则是下文研究的重点。

最后,在选拔方法的应用过程中,企业可以采用结构化面试与非结构化面试相结合的选拔模式。具体来说,一方面要在统一规划以及固定流程的指导下,推进选拔通知、简历筛选、选拔实施、录用通知等工作;另一方面,则要有效地融合无领导小组讨论、案例分析等非结构化面试方法,综合考量相关主体的工作能力与岗位素养,为企业的运营与发展注入新的活力。

(二)注重企业内部培训工作

内部培训作为企业文化的重要展现,不仅在一定程度上彰显着企业的运营活力与发展潜力,有助于其抢占更大的市场份额,同时也极大地提升了不同岗位人员的内部凝聚力。现代企业管理的核心在于,要让企业内部不同岗位人员在内容丰富、形式多样的培训活动中认同其文化、价值观,并且全面提升自身的职业素养与岗位能力,进而以饱满的热情与积极的姿态参与到企业改革的时代浪潮之中,助力企业管理工作开展科学性、有效性的全面提升。具体来说,主要包含以下几个层面的内容:

首先,施工企业应当重视对管理人员创新素质的培育。特别是基于我国建筑工程领域所凸显的多样性、集成化发展特点,原有的管理理念、管理模式以及具体方法很难获得较好的应用效果,如果不加以必要的优化与创新,那么就会使企业陷入故步自封的尴尬境地。基于此,施工企业应当借助内容丰富、形式多样的专业培训活动,使管理人员可以接触到相关领域的先进理念与前沿技术,特别是对各种网络化管理平台的有效掌握与熟练应用,进而在不断的学习过程中提升自身的专业素养、管理能力、责任意识以及创新水平,更好地服务于实际工作的开展需要。

其次,管理工作的开展,深刻影响着工程建设的整体质量以及施工人员安全,稍有不慎就可能带来人身、财产损害。基于此,要求管理人员必须具备较高的责任意识以及职业道德,避免出现实际工作开展过程中的不负责、无所谓态度。基于此,施工企业必须加大对管理人员的思想引导与政治教育,使其可以明晰自身所肩负的岗位职责与时代使命,进而树立崇高的理想与远大的抱负,成为社会发展所需要的高素质管理人才,为企业运营注入新的活力。

最后,还应当充分发挥模范人员的带头作用,在企业内部营造良好的竞争与创优氛围。具体来说,企业可以借助多元化的宣传平台,让更多的人了解到优秀管理人才的先进事例,从而激发其提升自我工作开展质量与效率的积极性,避免陷入停滞不前的境地。

三、完善人才选拔任用标准

俗话说得好，实验是检验真理的唯一标准。所以在人才选拔与任用过程中，企业应当考量但不局限于单纯的数据指标，而是可以全面评价不同岗位人员的工作开展状况，并对其进行科学的调整或者是提升。具体来说，一方面要制定一套完善、科学且切实可行的选拔任用标准，即明确不同岗位的用人标准以及工作门槛，避免出现任人唯亲或者是随意指派的不良现象，从源头处保障人员素质与岗位工作开展的适应性。另一方面，人才的选拔不应当局限于对其工作经验、行业履历的考核，而是可以牢牢把握其管理工作开展过程中所表现出的管理能力、学习素养、责任意识以及创新水平，从而提升管理队伍的整体水平。除此之外，应当重视对人才选拔任用的监督工作，即在这一过程中充分彰显民主精神，可以借助公示、公告、互评、互议制度，提升其他人员对被选拔者的认同度，并且在企业内部营造起公平、公开的竞争氛围，为实际工作的开展创设良好的外部环境。

基于此，各施工企业应当从建立健全人才管理机制、注重企业内部文化建设以及完善人才选拔任用标准等层面入手，全面提升实际工作开展的科学性、有效性，为其发展打下坚实的人才基础。

第六节　企业管理会计人才培养

近年来，随着市场化竞争大环境的日益严峻，应有效提升企业管理会计人员综合业务素质，提高管理会计数据信息为企业决策的质量。探寻在传统在职培训、资格考试和学历提升教育培训的基础上，将管理会计的人才培养与工作业务实践无缝对接，实现引进来、走出去的基于企业需要的管理会计人才培养模式成为人才培养的新思考。

一、企业管理会计人才培养模式的现状分析

管理会计根植于企业管理的各个环节和方面，管理会计人员不仅需要具有扎实的业务能力，也需要对企业经营的业务特点、日常的各项业务流程及行业发展现状深入的了解。一是管理会计人员日常工作与业务培训相结合。目前，在职人员培训、资格考试取证和专业学历提升等方式成为企业管理会计人才主要培养方式。管理会计人员通过非工作时间进行自我学习，利用高校和校外技能培训机构进行专业技能的提升，此环节注重

企业合理的引导和员工自我学习的自觉。二是管理会计人才培养理念与时代脱节。目前管理会计人才培养多数是为了某一工作需求而去进行专业培养。部分管理会计在人才培养过程中，仍停留在传统人才培养理念之中，与新时代发展及大环境的改变适应力不足，从而导致管理会计人才成长后备力量不足。例如，在针对管理会计专业岗位胜任力提升方面，企业多重视与对本企业的业务技能进行培训，在课程的设计上不能与外部和大环境下的需求接轨，导致培训与新时期企业需求不吻合。三是管理会计人才培养缺乏可执行的计划。目前企业没有针对管理会计人员制订有针对性的人才培养计划，或者仅有的培养计划执行不到位。究其原因，是因为从企业管理层方面就没有对管理会计职能进行清晰的定位，仅作为企业财务会计的辅助工作，在管理会计人才培养方面也是计划性不足，往往是为了培养而去被动地培养，导致管理会计人才培训的特质性不足，缺乏企业软文化和硬性执行力度的支持。四是人才培养与使用脱节。服务于企业的生产经营是企业进行管理会计人才的培养最终目标。但是，在目前的企业管理会计人才培养中，培养与使用环节没有形成互联互通的链条，存在培养与使用严重脱节的情形。

二、企业管理会计人才培养模式创新路径

（一）强化企业管理会计人才培养的观念意识

一是注重管理会计人才培养理念的与时俱进。企业管理者首先要从自身思维角度重新认识到管理会计人才培养的重要性，将管理会计人才培养纳入企业战略规划当中。将新时期的思维理念运用到管理会计人才培养之中，从企业整体层面强化对管理人才培养的重视，从理念上重视管理会计在企业生产经营中的作用。将企业管理会计人才的培养理念意识提高站位，从公司战略角度认识管理会计职能，并在工作中推崇管理会计意识理念，从而在公司内部形成管理会计的工作氛围。二是从管理职责上对管理会计职能进行清晰定位。针对目前企业对管理会计职能定位不清晰的情形，企业必要时设立管理会计职能部门，并明确相关部门职责，并从制度层面进行规范运作。同时，对管理会计在企业发展的贡献及作用借助总经理办公会或日常的会议及培训进行宣贯，从而推动管理会计工作与生产经营的紧密结合，服从并服务于企业的生产经营工作。

（二）多途径开辟管理会计人才培养平台

一是重视管理会计人才引进计划与岗位的联动性。企业要将管理会计人才的培养纳入企业发展规划当中，在人力资源部门进行人才选聘时，从企业未来发展的角度引进具有岗位胜任能力的管理会计人才。在人才引进后要及时对其进行企业核心价值观和企业文化宣传引导，以与企业经营发展形成整体合力。二是建立校企联动的管理会计人才培

养合作机制。企业依据未来需要与高等院校进行战略合作，依托高校的师资和培训资源优势，与高校建立定向培养与定向就业合作机制。同时，企业将在职管理会计人员不定期请进高校，拓展在职管理会计人员视野和新时期专业理论知识面。依托高校将企业经营管理、决策分析等业务知识授予管理会计人员，以树立培训与培养、学习与工作实践相融合的培养新思路。三是建立一体化管理会计人才培养机制。企业要以管理会计人才的使用为培养主导，以企业需要人才为培养主旨，建立和完善人才培养的目标导向机制。

（三）建立管理会计人员岗位交流培养机制

一是建立与外部第三方的联系与交流机制。企业可依据需要与财税部门、外部财税专业咨询机构和金融机构建立动态的联系与交流。通过交流可以提升管理会计人员对相关政策的掌握与理解效率，从而更好地为企业的经营管理提供高质量的财务数据信息。例如，让管理会计人员参与外部合作财税咨询工作，通过参与纳税评估、融资项目、重大资产重组业务及各类经济责任审计等，可以更好地完善和更新管理会计人员专业知识，提高管理会计人员的沟通协调及管理实践能力。二是强化企业内部管理会计人员的轮岗交流。通过企业内部的岗位交流培养方式，进行多岗位的轮岗培养，可以有效地促进管理会计人员的知识更新，提高其解决分析问题的能力。轮岗期限最低为2年，企业要建立交流轮岗人员的评价考核制度，并将其履职能力作为提拔晋升的依据。例如，企业可通过管理会计人员与财务核算、税务人员及其他财务岗位人员进行轮岗交流，使企业的管理会计工作与财务会计工作进行融合，实现管理会计人员多岗位专业技能知识的提升，从而提升管理会计财务数据信息质量和适用性。

综上所述，企业在管理会计人才的培养与使用过程中，要以企业实际需要为人才培养的基点，以促进管理会计人才成长为主旨，通过丰富的业务提升平台，不断促进企业管理会计人才的定向可持续发展。

参考文献

[1] 张金浩, 林绍良. 浅析企业管理变革与创新 [J]. 现代企业文化, 2015(33): 76-77.

[2] 郭曼. 企业管理创新: 互联网时代的管理变革 [J]. 中国科技产业, 2012(4): 74.

[3] 孙永新. 现代企业管理变革与创新 [J]. 中国商办工业, 2002(6): 18-19.

[4] 张洪波. 创新变革企业管理体系 [J]. 中国外资, 2017(6): 88.

[5] 陈贤彬. 企业管理会计信息系统构建研究 [D]. 广东财经大学, 2017.

[6] 何倩梅. 管理会计在中小企业中的应用研究 [D]. 华中师范大学, 2017.

[7] 张咏梅, 于英. "互联网+"时代企业管理会计框架设计 [J]. 会计之友, 2016, (3): 126-129.

[8] 强建国. 管理会计在企业应用中存在的问题及对策 [J]. 科技与企业, 2013, (22): 91.

[9] 官小春. 高科技企业研发超越预算管理研究 [D]. 中南大学, 2010.

[10] 杨伟明, 孟卫东. 联盟组合管理、合作模式与企业绩效 [J]. 外国经济与管理, 2018(7): 32-43.

[11] 刘玉华. 企业管理模式与企业管理现代化探讨 [J]. 市场观察, 2018(7): 71.

[12] 宋新平, 梁志强. 浅谈企业管理模式与企业管理现代化 [J]. 中国商论, 2017(4): 69-70.

[13] 张怀志, 王苓. 企业管理流程与企业管理效益提升 [J]. 中国新技术新产品, 2015, 12(10): 174-174.

[14] 王彬. 浅谈企业管理流程与企业管理效益提升方法研究 [J]. 企业文化旬刊, 2017, 20(6): 182.

[15] 罗永旭. 浅谈企业管理流程与企业管理效益提升方法研究 [J]. 科技创新与应用, 2017, 16(8): 266-266.

[16] 蒙宇村. 基于业务流程管理视角探讨提高企业管理效率的途径 [J]. 中国管理信息化, 2015, 20(12): 54-54.

[17] 黄中恺. 流程优化与企业效益提升的实证分析 [J]. 上海船舶运输科学研究所学报, 2016, 39(4): 60-66.